U0070650

跳出限制

從想法到實際行動的指南

NLP

跳出限制
從想法到實際行動的指南 *NLP*

自序

感謝您購買本書。

或許你沒有聽過 NLP，也或許已經聽過或者甚至已經看過其他的 NLP 書了，基本上我們想告訴你的是：**如何做，才是我們的重點。** 這本書其實在 2012 年就已經寫完了，在 2019 年又做了一些修正，然後去年因為剛好我香港朋友，就是本書的另外一個作者許英華，他是我 2000 年在美國 NLPU 的同學，正好準備移民到台灣來當台灣的公民；他在香港是非常棒的商業訓練師，所以我希望藉由他的加入，讓這本書更完善，而且將來我們可以做一些更好的合作。

這是一本給想讓自己人生更好的朋友的書

在 2021 年春節前夕，周玟慧教授（國立雲林科技大學 設計學院）；是我十幾年前催眠班的學生，打電話，問我在做什麼？我告訴她：剛好在寫書準備要出版，她問我有沒有需要幫

忙，需不需要修改、潤文？其實剛好已經寫好準備要出版了，但是正好需要一個人來幫我看看修飾，而且她本身也在大學教書應該很有經驗，所以我就請她修改了，她非常認真；幾乎每頁都修改；而且都加註意見了，所以在過完年之後看完。就跟許英華討論，我們討論看看人家這麼用心的幫我修飾修正要怎麼修改，結果討論了之後；我們決定做大的修改。

在這裡我要跟你講如何看這本書，本書基本上是以 NLP 創始人理察・班德勒現在的觀點來探討，你或許可以照著章節來看，重要的是一定要做練習，假如你在看書時候要是有什麼不懂，那可能是我們真的寫得不好；沒關係，我們接下來會有非常多的發表會，邀請你來跟我們一起討論，或者是你可以看 YouTube 搜尋「蔡明庭」，應該可以找到我以前錄很多的影片，要是不懂，沒關係；歡迎你給我們留言，在書後面有我們的聯絡方式。我們也會視情況為你的問題做個錄影來跟你探討這個議題。

感謝您決定更進一步了解你自己駕駛的頭腦巴士

這本書包含大部分 NLP™ 的基本資料。它還包括正式上課的練習，這些練習可供您任何時間使用。請記住，所有成功的策略必須包括三個主要的代表性系統（視、聽、觸），因此請確保您的學習策略以及幫助學習的策略包括「做」練習！

課程中將教你如何使用語言來建構經驗，以更加優雅和更

精確地促進人類學習過程的方式。通過快速學習的方式，將發現 NLP™ 的應用程序，以及在看書期間愉快地發揮您所開發的驚人能力！

請記得：從今天起隨時保持：好奇、好玩、幽默

對於許多人來說，當他們被介紹到 NLP™ 並首先開始學習這項技術時，他們的共同經驗是謹慎和小心的使用和誤用。

個人強烈推薦你參加 NLP™ 研討會，在課堂中跟我們的訓練團隊密切合作。他們不斷利用我們開發的最新技能來更新他們的訓練，並且是通過 NLP™ 協會許可的少數幾個之一。

蔡明庭

作者群

潤文作者／周玟慧教授

國立雲林科技大學　設計學院

學歷
澳洲 Swinburne 大學　設計博士

專業領域
社會設計、使用者經驗研究、服務設計、創新媒體應用實務、實驗性創作

作者 1／許英華

　　曾在各大跨國保險機構歷任要職超過 25 年，具備豐富的行銷、市場推廣、營運及訓練與發展的經驗。

　　曾擔任過訓練業團隊工作的機構包括安泰、英國保誠、國衛及永明人壽等⋯⋯。

在 2004 年，爲香港的國衛保險公司贏得了香港管理協會
（HKMA）的最傑出訓練大獎（Training Excellence Award），
開創了 30 年以來保險行業的先河。

香港大學畢業，具備的學歷和行業資格有：
文學院學士（Bachelor of Arts，University of Hong Kong）
教育文憑（Certifcate in Education，University of Hong
Kong）
訓練科學碩士（Msc. Sci in Training，University of
Leicester）
與成功有約／七個成功的習慣（Seven Habits of Highly
Effective People）的合格講師（Certified Trainer）
NLP Global Trainer（NLPU）
AMTC Moderator

主要客戶包括有：
索尼香港（Sony HK），匯豐銀行（香港及中國），恒生
銀行（中國），中銀人壽（香港），交通銀行（香港），宏利
金融（ManuLife Financial HK），永明金融（SunLife Financial
HK），友邦保險（中國及香港），花旗銀行（CitiBank
HK），創興銀行（香港）及安達人壽（Chubb Life HK）
等……

作者 2／蔡明庭

美國西北大學管理博士

成大企管系、碩士

曾在大學任教數年，1997 年迷上催眠、NLP

臺灣第一位具國際認證 NLP／時間線療法／催眠——訓練師

2000　NGH 催眠訓練師、美國 NLPU NLP 高階執行師

2001　NLPU NLPGlobal Trainer 訓練師

2002-2003　ABH、IMDHA 司法催眠、快速催眠認証班、催眠止痛認証班、催眠訓練師、TLT Association 時間線療法（ Time Line Therapy）訓練師

2004　NLP 的創始人 Richard Bandler 的 DHE 認證

2005　Richard Bandler 認證 NLP 訓練師

2019　NLP 的創始人 Richard Bandler 訓練師再認證

2019　NLP 的創始人 Richard Bandler 第一屆 NHR 神經催眠修復術認證

在 2000 年以前自己開過電腦零件批發公司，也在企業做管理諮詢的工作，也常在企業做演講，在大學兼任講課。

寫這本書是希望可以幫助更多人快樂、幸福，「造福他人」是我的主旨。

　　也許，**驅使我行動的原因：自覺**。

　　希望在我有生的現在開始記錄我學會的東西回饋給社會。

　　目前每年一本書是自己希望最低的要求。

　　我受的 NLP 訓練在剛開始時都是 NLPU 系統的；在 2018 年之前教授的系統也都是 NLPU 系統，但我在個人諮詢過程中，發現 NLPU 系統太複雜。早期的 NLP 技術都已足夠，這也是 NLP 創始人 Richard Bandler 堅持古典 NLP 的原因，但自己沒發現，醉心於 NLPU 系統的翻譯工作，現在基本上 NLPU 的東西；NLP 百科全書、策略、學習等等，大概翻譯了超過 200 萬字，這些資料在我的官網 https：//mentor-nlp.com/ 都可以找到。

　　NLP 一開始的目標是讓人快速取得快樂，脫離煩惱，NLP 創始人理察・班德勒的古典 NLP 就夠用了。

　　只要你簡單照著做持之以恆，快樂是你努力就會得到。

「大道至簡」

　　「大道至簡，人生亦簡」給我很大的啓示。開悟，深奧了就簡單，簡單了才深奧，從看山不是山，到看山是山，境界不一樣，從簡單到複雜，再從複雜到簡單，就是升華。生活的意義在於簡單，人修煉到一定程度，會淡泊一些事，會簡單，你可以理解別人，但別人不一定理解你，其實人不在理解，在認同。（摘自：https://kknews.cc/zh-my/culture/bg8zbjn.html）

2001 NGH 催眠訓練師

2002 NLPU trainer 證書

2005 Richard 訓練師 1

2019 NHR

2019 Richard 認證訓練師

2001 跟 Robert &Judith

2005 Richard 跟我

2005 Richard 合夥人 John

2019 Richard 跟我

2019John

2019NHR

2019 Richard 訓練師結訓

授權 Logo

授權 Logo

爲什麼要學習 NLP

人生要有勇氣走少人走的路，同時也會懂得少走冤枉路。

我們一般生活中，都有可能遇到以下的處境：

1. 定立了值得努力的重要目標，很多時卻未有動力去完成。
2. 在考試或比賽中，因心情緊張沒法發揮自己最佳的實力，錯過了一些難得的機會。
3. 在職場或社交場合，努力推介一些自認爲對別人很好的產品概念或服務，卻換來了冷淡、懷疑、甚至抗拒的反應。
4. 在情緒低落時，別人對我開解的說話或大道理，其實自己心裡面早已知道，而且覺得知易行難，對方圖俱好意，其實並不理解自己的處境和心情。
5. 自己好意誠心讚美他人時，對方似乎並不領情。
6. 看見別人成功，努力模仿他人的行爲和技巧，卻得不到理想的效果。

諸如此類…………

很多時候，我們的教育一般都鼓勵我們以理性去解決生活困境或挑戰。弔詭的是，一般能成為我們長期的困擾，似乎不是用意志力或理智就可以化解的。

　　要帶來有效和持久的改變，需要一些嶄新的方法。在這裡我們推薦 NLP。

　　NLP（Neuro Linguistic Programming）神經語言程式是這幾十年來瘋靡全世界的應用心理學。它提供不一樣的實際和具體的方法步驟，讓我們生活可以帶來一些改變，在個人親和力、溝通技巧、領導能力、時間管理、學習新技能和自我情緒管理等等，作大幅提升。

　　由於應用的範圍很廣，這裡只選少部份比較為人熟知的例如，可以明顯點出 NLP 運用原理的優點。

　　日常生活中，例如在極度生氣或者心情緊張時，想要使心情平復，可否透過不斷叫自己不要緊張。或者意志上叫自己一定要保持鎮定，就可以達到效果呢？ 在這種情況下，有些人會自然地作深呼吸，或者調節自己呼吸的節奏。這樣可能有一些效果，但不一定很明顯。

　　NLP 建議我們，如果這時候，能加上一些回憶的片段，重溫一些以往生命片段裡面有信心、平靜、穩定的畫面，效果就會十分顯著。

　　而能讓自己可以快速搜索及運用到這些以往的內在資源（Inner Resources），在這些處境中最關重要。所以先在日常生活中，辨認出各方面有用的資源，並預早作出一些設置，猶

如於在身體某一個地方，建立一個倉庫，不斷儲藏累積這些有用的資源，並且加上隨時能啓動的樞紐。就可以有方法隨時控制自己的心情和狀態。這就是 NLP 著名的技巧——心錨！這個方法其實在職場上的商業運用、演說家、專業運動員，甚至演員等等，都已經在普遍運用，並確認有效！至於如何具體建立心錨的步驟和技巧，在書本的後端，有詳細的介紹。這裡不作累贅的描述。

另一個例如，就是在沮喪悲傷或抑鬱時，怎樣令自己脫離那個令人痛苦的精神狀態。

作者本身曾經在多年前患上抑鬱症。當時因爲工作上的壓力，同時加上感情上的創傷，身心都進入一個極痛苦的狀態。當時失眠情況嚴重，三個月都不能入睡，耳鳴經常在晚上困擾，用盡中西醫的醫療手段，對情況都未有起到足夠的改善。最糟的是，心裡常常想起生活中挫折的畫面，感覺猶如胸口常常壓著一塊大石。當時亦有找專業的心理咨詢師及精神科醫生幫忙，但見效甚微，花費卻極耗大。經過一段時間的折騰，又未見好轉，會令自己懷疑是否有能力走出這個困境。

多得朋友們提醒我可以用 NLP 的具體法門去試試作出改變，還開玩笑地嘲弄我，只懂得在商業上拓展自己影響力的應用，卻完全忘記在情緒控制和調整狀態上可以有立竿見影的效果。

我從最簡單的改變身體姿態開始，到將注意力焦點放在一些純粹身體上的感覺（例如透過做運動）。的確當時立刻體會

到，我有能力中斷不好的情緒和感覺，創造一個暫時平靜愉悅的狀態。這是一個突破的覺醒，我知道如果我不斷重複加長這種暫時平靜的狀態，我就有希望可以脫離這種情緒上的困境。由此我再加強並延伸這種經驗，我放棄了服食抗抑鬱藥（Anti- depressants），卻慢慢加強了自己能夠痊愈的信心。又再過三個月，我的耳鳴大幅減少到幾乎可以忽略的程度，生活也重回正軌。這是透過另一個 NLP 經典的法門——改變表象系統（Change Representation System）結合改變次感元（Change Submodalities）的生活體驗。

關於表象系統和次感元的概念及技巧，在書中後文會有更詳盡的闡釋。

以上這兩個例如，共通點是：既然身心是一體，相互影響。改變其中一方，就會影響到另一方有不同的調整。這樣就提供了一個不必透過用理智或說大道理的途徑，去改善身心狀態，並容許在行為上有不同的選擇。這樣提供了一個嶄新的方向，讓人可以提升自己的生活品質。對我來講這是彌足珍貴的體驗！

我身邊的一些朋友，很多在事業上很成功。常常跟我分享，認為人的意志力可以克服一切。如果能夠有毅力堅忍下去，一切創傷、困境，都可以讓時間去療癒。但生活上真的見過某些人在生活的挫折下，持久沉淪或是困在那個低潮中，未有恢復過來。這裡我會建議他們參考一個 NLP 的前設（Presupposition）或信念：如果不斷堅持重複舊的方法，卻未

有見到情況有改善。繼續堅持用舊的方法，卻期待一個新的結果，這其實是一種神經病！（Insanity is you keep doing the same thing but expect a different result！）

有朋友曾經跟我抗議說，我們從小到大的教育，不是告訴我們凡事要有毅力和堅持嗎？

我會問他們，是堅持目標還是堅持方法？

堅持目標是毅力（Persistence），堅持方法或手段一成不變是愚昧和頑固（Stupidity and Stubbornness）！

許英華

目錄

一、通論

二、神經

三、語言

四、催眠

五、程式 Programming

六、時間線

七、經典技巧介紹

一 通論

1.1 NLP 是目標導向，你的目的是什麼？

　　NLP 有人說是操控性的，被誰操控呢？不是被 NLP 人操控，是你用 NLP 去操作。你要先知道你的目的是什麼？ 所以 NLP 裡有幾章是專門談你自己去知道你到底想要什麼？ 假如連你自己都不知道，那就沒有人可以幫你了，當你買了本書後，書後有讀者卡，可以跟我們團隊連絡，當你知道自己的目的，若還不知道用什麼 NLP 技巧，可以跟我們連絡，並知道如何進一步使用。

　　NLP 是幫你改變自己的心理狀態，首先你要知道：壓力是萬病之源。

　　我們常常會有一些生活壓力、工作壓力，很多癌症病人，都是因為壓力大，壓力是萬病之源，這句是對的。

　　客觀的認定，譬如說，你認真在工作但是你卻忘了紓壓，要建議健康的人、有空的話，你一定要接多接觸大自然，把一些不必要的包袱把它忘掉，把它拋掉。

一定要找方法舒壓

壓力基本上都是所有的疾病的來源，包括癌症。

你有壓力那麼你的病就來了，所以要想辦法去舒壓，要把自己的心情變得更開朗。如果一點小事情都計較，基本上你就不會得到大的成就。

研究團隊認為，你雖然失去了小的東西，但是後面你去贏得更大的。

身體常常會發出一些警訊，我們千萬不要輕忽，壓力所帶來的症狀，要常常的去想到一些快樂的事情。

我希望你利用這本書來練習，讓你常常可以想要快樂的時候就找到快樂，想到快樂而不會被壓力所所擾。

卜詩筠醫師呼籲：醫師發現有比三高更危險的「第四高」，應再加上『高壓力』統稱為『四高』！歡迎你到網路去找卜詩筠醫師的相關文章，NLP 控制「第四高」是非常有效的。

有人認為 NLP 可以賺錢，這點我要說 NLP 是工具，我就沒有很有錢，但我要說是可以的，NLP 賺最多錢的是安東尼‧羅賓（Anthony‧Robbins），不是 NLP 的創始人或教 NLP 的，我在美國很多同學，收入也比老師高很多，看你學完 NLP 後要怎麼用了。

1.2 NLP 神經語言程式學簡史

　　NLP（Neuro-Linguistic Programming）是在 1970 由理察‧
班德勒（Richard Bandler）在協助弗列茲‧皮爾氏（Fritz Perls
完形治療創始人）和維吉尼亞‧薩提爾（Virginia Satir 國際知
名的家族治療師）幫他們講課做錄影、錄音整理成筆記、抄寫
資料時，無意間卻模仿會了很多人去學都學不會的完形治療、
家族治療的技巧，但他並不知道他是如何會的，所以去找曾在
CIA 任職過的語言學助理教授約翰‧葛瑞德（John Grinder）
協助他系統化。

　　因爲這原因，同樣跟弗列茲‧皮爾氏、維吉尼亞‧薩提爾
困擾的還有一個人；米爾頓‧艾瑞克森，其爲美國臨床催眠協
會創始人與當代公認的知名臨床精神科醫生。很多來自全世界
的人奮發精力去學習米爾頓‧艾瑞克森的催眠治療，但卻學不
會。這讓米爾頓‧艾瑞克森非常困擾，因爲他已很用心，但卻
不知如何把他的催眠治療技巧教授給學生。這個時候 1970
年；弗列茲‧皮爾氏、維吉尼亞‧薩提爾跟當時知名的人類學
家格雷戈里‧貝特森（Gregory Bateson）就推薦理察‧班德勒

去見米爾頓‧艾瑞克森；剛開始時，米爾頓‧艾瑞克森並不同意，是約翰‧葛瑞德在電話中用了米爾頓‧艾瑞克森的催眠語法吸引米爾頓‧艾瑞克森的注意而同意的。

在 1970 年的時候，理察‧班德勒、約翰‧葛瑞德出發去鳳凰城去見米爾頓‧艾瑞克森；這段是我根據理察‧班德勒在 2019 年的課程的時候，他所描述的；當年大概在鳳凰城基本上大概快兩個月的時間；大部分時間都是由理察‧班德勒跟米爾頓‧艾瑞克森學習，約翰‧葛瑞德去一陣子就回去加州，後來理察‧班德勒回去加州後再一起整理資料。

後來 NLP 的啓源；他們第一本書 The Structure of Magic Vol. I & II（1975, 1976），是探討語言結構的，同時也是理察‧班德勒的博士論文。第二本書 Patterns of the Hypnotic Techniques of Milton H. Erickson, M.D. Vol. I & II（1975, 1976）（中譯催眠天書 I、II）探討了米爾頓‧艾瑞克森所使用的語言與行為模式，也是奠定 NLP 的基礎。

理察‧班德勒說 NLP 有三個部分組成：
- 語言模式
- 催眠
- 以及時間線

到 1975 年時，在 NLP 裡的語言模式跟催眠、策略都已經發展的差不多了，但是這個時候的時間線技巧剛剛開始發展，因為這個時候是理察‧班德勒剛剛有時間線的概念。

在 1980 年；2 個 NLP 創始人卻因意見不合鬧分家了。理查‧班德勒依循著 NLP 的基礎，又開發了人類設計工程學 Design Human Engineering（DHE）及後續時間線，約翰‧葛瑞德則是研發了 New Code NLP 技術。

目前在世界上在教的時間線基本上會有兩個不同的宗派：

第一、第一個看到最多的是 NLPU 這一派。**在台灣基本上是最多的。**

他的時間線都是在地上走的；這叫實體化的時間線、是因為 Roberts Dilts 是 1975-1978 年開始跟著理察‧班德勒學習的學生，假如你有去學其他派別，會發現他們跟 NLPU 教的時間線是不太一樣的，因為大約在 1980 年理察‧班德勒對時間線發展出更新的概念；

第二、是理察‧班德勒 1980 年以後的學生；例如 NLP Comprehensive 的 Steve and Connirae Andreas、Tad James，他們都是屬於理察‧班德勒的在 1978 年到 1980 年以後的學生，所以你會看到他們所教的、所講的時間線，這個部分基本上是不一樣的。

在後來我們所看到的，理察‧班德勒的新時間線模式，已經擴充變成是我們大腦的思考的模式了

其後理察‧班德勒發展的人類設計工程學 DHE，是理察‧班德勒把催眠、時間線結合的技巧，我計畫在寫的第 5 本書時跟大家介紹。

理察‧班德勒對時間線特別警惕

為什麼會這樣？因為在 1980 的時候 Tad James，把理察‧班德勒時間線去申請「時間線治療」專利，當時的理察‧班德勒沒想到這一點，所以往後他對任何新的東西都會把它設專利了。

1980 年，基本上的 NLP 的技術已經是發展差不多了，這時約翰‧葛瑞德、理察‧班德勒 2 位 NLP 的創始人因為某些問題上發生了一些爭執鬧分家了，至於為什麼分家，相信只有兩個當事者他們知道。

這些追溯是在 2019 年，再上 NLP 訓練師課程時理察‧班德勒講的；他清楚表示一點；**這個世界上誰有資格對於 NLP 的內容做更改，制訂的就只有兩個人就是約翰‧葛瑞德、理察‧班德勒。**

在 2005 年上 NLP 訓練師課程時，我曾問理察‧班德勒有沒有第三、四代 NLP，當時他太太剛過世，理察‧班德勒也剛中風，他沒有回答只是笑笑。在 2019 時等於間接回答了這問題。

1.3 NLP 的前世今生

在 NLP 發展的過程中，衍生了幾個不同的流派（或者是方向），對 NLP 的定義及範圍，有不同的理解。

雖然最有資格作這些定義和界限的，是創始人（Richard Bandler 和 John Grinder）。作者也在這裡引述當年推廣 NLP 觀念及架構的「入門教科書」──'Introducing NLP'（作者是 Joseph O'Connor）的當年比較被普遍接受的觀點。

在這本書中，NLP 是

1. 研究人主觀經驗結構的學問（The Study of the Structure of Subjective Experience）
2. 模仿人類卓越成就的科學（A Science of Modeling Excellence）

第一個觀點，是指人類所有的經驗、記憶和想法（思想），都是透過感觀的元素組合儲存在腦海中和加以運作。人類有五官：視覺、聽覺、觸覺、味覺和嗅覺。一切經驗和思想

都是用五官元素組成的。再加上一些對事物的觀點
（Perception），思想就是這樣運作。類似佛家所說的，色、
聲、香、味、觸、法。透過改變這些感官的組合、元素及表達
方法，我們由此可以改變人的狀態、心情、感覺，及至在行為
上的選擇。

這個就是前文說的透過「表達系統」和「次感元」的改
變，從而改變人的狀態個行為的方法依據。

第二個觀點，其實是引伸上面的原則，可以分析及判別每
個人類傑出卓越的成就，背後都可分析還原他們的結構及程
序，比喻有如編寫電腦程式（Programming），因此可以模仿
別人的卓越成就，從而達到生活上有些事情的理想效果。這些
程式，就是以腦海中感官的元素（所以是 Neuro - 和腦神經有
關）及語言的技巧（Linguistics）操作去影響這些觀感的排列
和觀點（Perception）。

這個是作者個人的理解，卻可輕易地解釋了為什麼這門學
問叫做 NLP（Neuro Linguistic Programming）。

作為一個商業培訓教練，作者在課程中，常常會帶出一個
體驗式的活動。這個活動類似小時候玩的猜拳活動。在這個活
動中，任務是在一分鐘內，盡量找不同的參與者，達成兩個人
的手指總數是 7。次數越多越好。

最簡單的組合，自然是出「剪刀」和「布」。在活動進行
中常常出現一件事，很多參與者都出了「拳頭」。這個現象代

表什麼呢？就是在有時間壓力的情況下，很多人都會不自覺做出一些習慣的動作。而大家回想一下，都會很清楚，其中一方出「拳頭」（手指的數量等於零），那是不可能達成指定的任務-手指總數等於七的任務。這種行為我們稱為「無效果的動作」（Ineffective Behaviour）。很多參與者都會對自己這種行為失笑。

再細心回想一下，在日常生活當中，我們是不是有時都會作出一些「無效果的行為」？更重要的問題是，在日常生活中，我們是否都很清楚能分辨哪些是「有效果」和「無效果」的行為？ 要分辨行為是否「有效果」，就要回歸到，作出的行為期望達到的目標是否一致。

說到這裡，很多人都以為清楚自己想要的目標（或結果）應該沒有難度。但在日常的生活中，常常出現目標迷失或者建立不合理期望的例如。一個明顯的例如就是，很多人定立減肥的目標。例如在半年內減去多少公斤。

我們當然會見過一些成功達成目標，得到健康、美好的身段和自信的例如。但大部份卻出現別的情況。

例如有些人在半路中途就放棄了。因為原來要節食和有規律地做運動，在追求目標的過程中，會碰到困難和要付出意想不到的代價。最後發覺一定時間內減重多少的目標其實只是口號而已，他們要的是不改變現時的生活方式，只要稍加一些「努力」。

　　另一種情況是，定立目標之後，真的有定期做出運動量。試過減肥的目標的人，很多都有有規律地做運動。但當人去到某個年紀，新陳代謝會慢下來。無論做多少的運動，如果不配合飲食的調節，效果都很有限。稍一停下來，體重就會立刻回升反彈。這就是沒有察覺到自己的行動，並不在關鍵點上用力。所以可能是「無效果的行為」。

　　健身教練可能給的建議是，光做心肺功能的運動不能達致良好的效果，要提升代謝速度，需要多一點肌肉，所以需要結合重訓（Weight Training ）才有效。明顯什麼是「有效果的行為」，也是需要細心探索研究的。

　　再有另外一種情況，就是真的達成了目標。可是代價卻是，在不合理的短時間內，急速減少體重，令身體健康嚴重受損。本來想著達成目標之後帶來的好處，例如良好的精神狀態，優美的身體線條，可能都享受不到！目標達成了，卻失去了意義，甚至帶來傷害。

　　NLP 的精要，就是處理任何問題的方法，要注意三件事：
1. 清晰恰當的理想結果（Desired Outcome）
2. 強大精闢的觀察力（Sensory Acuity）
3. 靈活的行為/ 彈性（ Behaviour Flexibility）

　　道理很簡單，定立合理適當的目標，在進行的過程中，要

察覺到所有的行為及過程，都是因應著向既定目標前進。而且當結果和行程遇到障礙及有偏差，就要有足夠的靈活反應，能機警地辨認有用的資源，再採取適當的行為去修正航道，到達目的地。

幾乎所有的 NLP 方法和技巧，都是依循以上的條件發展出來的。

對我個人而言，NLP 不只是一門應用心理學，它是一種睿智的生活態度。

當生活很糟糕，處處碰壁，對生活覺得無能為力的時候。就算忘記一切的技巧，回歸到這些原則和條件上，我都有希望可以找到出路和應付生活困境的方法！

這亦帶出了 NLP 另一個重要的前設信念（Presupposition），如果有人能夠在某事上達到成就，只要找出關鍵的方法步驟和尋找適當的資源，其他人都能夠產生相約或接近的結果。

這是作者個人理解的 NLP！

誠意邀請大家一起踏出一條不一樣的道路，且可以在人生少走冤枉路。

NLP 的簡易解釋

NLP 是由理察·班德勒（Richard Bandler）與約翰·葛瑞德（John Grinder）於 1975 年所命名創立的。

當 Richard Bandler 還是一個大學生的時候，在研究當時
世上幾個最著名的心理治療師（如以下圖片所列），怎樣在很
多公認頑固難纏的心理病案例，作出有效及迅速改善的成效。
當中發現著名心理治療師之間有一些共通的行為技巧和方法。
他和另一位語言學教授（John Grinder）合作，把這些技巧和
方法整理成一套有系統的操作法則，並命名這套理論叫做
NLP（Neuro Linguistic Programming）。

John Grinder　　Richard Bandler　　Fritz Perls

Virginia Satir　　Milton H. Erickson

　　今日 NLP 教學，雖然已經分支出很多門派，但內容深度和編排主要分爲三個級別：

NLP Practitioner

NLP Master Practitioner

NLP（Master）Trainer

　　有志學習 NLP 的朋友可以依據自己能付出的時間、學費和語言能力去選擇在世界各地舉行的認證課程。

1.4 NLP 改變過程的原則

依據 NLP 的理念，改變的基本過程有三步驟：

1.先要知道此人當下的心理狀態；

2.加上適當資源

3.引領此人至預期的渴望 Desired 狀態。

當下狀態 ＋ 適當資源 → 渴望心理狀態 需求狀態

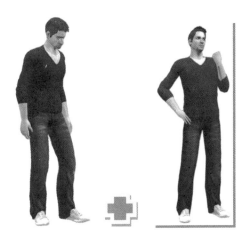

再直白一點，你生病了，要看醫生，但你知道自己的病是什麼嗎？

病症	科別
高血壓	家醫、內科
腹痛	內科、腸胃科
腳痛	骨科

但 NLP 不是針對生理的，而是針對心理的。

你的**渴望**狀態是什麼？這是你先要知道的；在諮詢的過程裡面，發現很多來尋求幫助的人，自己根本不知道想要什麼，或者是說沒辦法很清楚的描述他到底要什麼，他真正要的是什麼？

帶著清晰目標去找適當資源以創造**需求狀態**，就可做有效率的改變。在目標設定完善條件這一節我們會再進一步探討。

近年來，NLP 在專業領域的廣大範圍中，已經發展出一些強有力的溝通與改變的工具與技術，其中包含有下列各領域：諮商、催眠療法、教育、健康、創造力、學習、經營管理、銷售、教練、領導能力以及子女教養等等。

重申一次，NLP 技巧的功能在於充實或添加有效行為的三個特質就是：

1.目標的明確狀態；

2.敏銳的觀察力；

3.內在反應與外在行為的彈性。

若想成功操作 NLP 技巧

1.確認並契合另一人最常使用的字眼與感官用語，達到創造親和力並確保理解對方的目的。

2.透過呼應另一人的姿勢、手勢以及臉部位置與動作與及音調與節奏的映現與契合，可以促成對此人達到親和的效果。

3.透過表象感官的經驗，表達的體驗轉譯，有助於增進個人或團體對於彼此間溝通能力及包容。

4.細心觀察表象系統行為（例如：眼睛、面色、呼吸等）與細微行為線索，有助於了解及呼應個人典型處理策略 — 組織和理解自身經驗與接收來自他人的交流。

5.經由運用特殊感官語言與解讀線索的系統利用，有助於在他人身上建立全新的表象系統的可能性及能力。

6.更精確而立即地察知、且評估人們彼此間行為的影響，有助於增加感官意識。

7.確認並分類他人多重的（不協調的）溝通方式，有助於減少誤會與混淆。

8.設置心錨以及觸發在某狀況下的正向經驗與資源；其次，在其他尚未對特定個體或團體產生利用價值的情

　　況下，觸發並爲其安排順位。於是其他的場合中，這些行爲與反應也會成爲你的資源。

9. 辨認並丟棄在個人或團體間無用的測度迴路，以增加更多反應與溝通的彈性與選擇性。

10. 用淺白易明的用詞，去澄清含糊或意義不明確的語言，去建立大眾能掌握及實在的具體經驗與目標。

11. 藉由更明確地產生正向意圖與其潛在的副產品來聚焦及轉換焦點問題行爲與回應方式。目的在於當涉及行爲方面時，能改變人們的感知方向，使之能被更機警地處理。這種感知上的轉變有下列功能：

　　a. 藉由「自我」與正向意圖的結合，透過個人的心理強化與驗證將「自我」從「行爲」中劃分出來。

　　b. 當使用來支持正向意圖的行爲方式已變更，但仍保有問題行爲的正向意圖。

　　c. 當變換無效行爲時，保有並確認用以維持系統生態平衡及證實「自我」的行爲與回應的正向副產物。

12. 透過角色扮演及其他行爲模仿方式來創造並強化系統成員的彈性，目的在幫助系統成員更一致且有條理地自其他成員中引出需求行爲與反應。

13. 引出群體或個人的目標或需求狀態之正確描述與範例並詳細說明，目標與需求狀態要形式完善而切實，並

對所屬的特殊系統具生態平衡的效果。

你需要什麼資源呢？好好想想，也許是⋯⋯

1.5 NLP 溝通模式

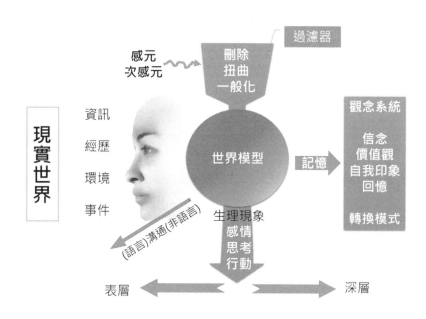

　　每個人從小受的教育、思想、學習模式，針對每一件事，每個人的見解不盡相同，回應的方式也會不同。上圖是一般我們的溝通模式，每個人/民族/國家都有不同的過濾器。

　　其他過濾器如：價值觀／信念、記憶、態度、語言、時間

／空間等。

　　透過過濾器，我們對訊息會執行三種操作：一般化、刪除與扭曲。

　　一般化：是指某一特殊經驗轉化成整體層面的經驗的過程。

　　例如：某一次聽到某一刺耳的車聲讓你緊張，以後只要聽到類似的聲音就會如此就是一般化，因而會一般化成一些群體或個人的成見等等。

　　例如：所有的男人都是自私的；沒有人愛我；所有的蛇都是可怕的，等等。

　　刪除：則是指我們選擇性地關注經驗的某方面而杜絕其他方面的過程。例如，人們必須在滿房的人群中濾除或杜絕所有其他的聲音，以聽見特定的聲音，刪除將世界縮小至我們能處理的比例。這類縮小在某些情境中很有用，但也成為我們在其他情境中痛苦的源頭。

　　例如：「他們傷害我」；刪除了他們是指誰？如何傷害的細節。

　　扭曲：是讓我們在感官資料的經驗中，得以轉換的過程。譬如，幻想讓我們為尚未發生的經驗做好準備…同樣地，所有優秀的小說與所有革命性的科學發明都牽涉到扭曲與錯誤表象

當下現實的能力。

將原本沒有因果關係的事情連結在一起，或用自己的迷思、臆測扭曲了事實。

例如：「我知道他不在乎」；

例如說：如何知道的，不在乎什麼？諸如此此類的都是一種猜測的，所以是一種扭曲的。

通常情況下，意識的腦在任何特定的時間只能處理 7±2（5~9）的訊息。試試這個：你能說出產品類別中超過 7 種產品，比如說香煙嗎？大多數人可以唸出 2 個、也許 3 個產品，並通常不會超過 9 個。有一個原因；如果我們不是一直積極地刪除訊息，我們最終會得到太多的訊息。事實上，你甚至可能聽心理學家說過；說如果我們同時知道所有進來的感官訊息；我們會發瘋。這就是我們過濾訊息的原因。

所以，問題是；當兩個人有相同的刺激時，為什麼他們沒有相同的回應？答案是，因為我們從外部對訊息做刪除、扭曲和一般化。

1.6　NLP 的四個支柱

　　NLP 早期在理察‧班德勒與約翰‧葛瑞德創立時，他們觀察到那些優秀卓越的人，尤其是可以快速成功的人士都有以下特點：

1.了解你的目的。想要什麼？
2.具親和感。
3.具有感官敏銳。
4.具有行為靈活性，快速改變。

　　NLP 是模仿 3 位偉大的大師而成的，所以我們也要不斷的跟你探討如何成為優秀的人士。我們有些同學是優秀的珠寶銷售員、動物美容師、醫療人員、保險銷售員、直銷人員、汽車銷售員、房屋銷售員、命理諮詢師、加盟業大師、金融人員⋯⋯。

　　我們將透過理察‧班德勒的 NLP 系統，跟你探討你成為優秀的策略，首先你要知道你的目標是什麼，然後你不管有沒有牽涉到別人，你都要有足夠的親和力。譬如說讀書好了，你

要知道用什麼樣的讀書方法會更好，所以接下來就是要非常彈性的調配你的方式去做改變，直到達成目標。

1.7 學習記錄

第 1 天/日期：＿＿＿＿＿＿

意圖設置

我今天的意圖是＿＿＿＿＿＿

感謝

今天，我承認我自己＿＿＿＿＿＿＿＿＿

今天的學習

今天我意識到的最重要的事情是：

1. ＿＿＿＿＿＿＿＿＿＿＿＿＿＿＿＿＿＿＿

2. ＿＿＿＿＿＿＿＿＿＿＿＿＿＿＿＿＿＿＿

3. ＿＿＿＿＿＿＿＿＿＿＿＿＿＿＿＿＿＿＿

從今天起，我將停止＿＿＿＿＿＿＿＿＿＿＿＿＿

從今天起，我將開始

＿＿＿＿＿＿＿＿＿＿＿＿＿＿＿＿＿＿＿＿＿＿

　　你自己可以複製 N 份，到這裡我們其實都只是在做暖身，還沒有開始正式介紹 NLP，請做好你的學習記錄，記錄你在未來的改變。我們所有一系列將出版的書都注重在實務操作上，請一定要自己做自己的學習記錄。

　　意圖是你的企圖或目的，**最重要的事情**指的是你在當下你感覺到最重要的事情，**停止**的事情不見得有，但是就是你可能有一些壞習慣或是有一些事情必須要避免的，**開始/開始**通常是指知道應該要去做什麼是正確的，或者是說會讓你更好的。

二　神經

2.1 NLP **假設前提**

（此單元附有錄影在 YouTube）

　　假設前提在個人上面研究了超過 2 年，你也可以試著相信使用這些假設前提，看會對你的生活有什麼影響。

　　假設前提就像武功的內功心法一樣，愈練愈純熟。

　　就像看一部電影、小說、連續劇一樣，一開始作者、導演一定會設定某些主題、假設一樣，NLP 也有他的假設前提存在，你可以當真，也可以當沒有，看看會對你的人生有什麼影響。

　　請注意；當年 NLP 的創始人創立時假設所有 NLP 的技巧皆依據 NLP 假設前提而來。

　　1.任何人都可以活得完美無缺、能做任何人相同條件下可以完成的事。

　　2.人們所需要的各種資源（能力），永遠都可以在他們個人的歷史中找到；或許，有時這些資源是深埋在自己的潛意識狀態之中。

　　3.有用比真實來得重要。

4.每個行為的背後都有其正向意圖。

5.過程比內容重要。

6.不管在任何時候，人們總是傾向做對自己最有利的選擇。

7.地圖不等於實際的認知疆域。

8.人們根據自己心中描繪的地圖來行動，而非根據感知上的經驗。換句話說，人們的行為取決於他們對世界的詮釋，而非世界的實際面貌。

9.同樣的行為導致同樣的結果。

10.主觀的經驗是由影像、聲音、感覺以及氣味所組成的。

11.身、心皆屬於相同的神經控制系統： 系統中任何一部份所發生的事情，都將無可避免的影響到系統中的其他部份。

12.人們可以藉由改變自己的內心，進而改變情緒與身體狀況。反之亦然。

13.當你呼應別人心中對世界的看法時，對方也就容易溝通。

14.沒有失敗只有回饋。行不通，就換個方式。與他人溝通的意義在於引出其回應，無論溝通者的意圖為何。

15.最具彈性的人----也就是擁有最多選擇的人----將會主導互動的關係。

16.要使改變能夠迅速而有效，當事人心中的世界得先要

有改變的可能性存在。

17. 有選擇比沒選擇好（一個選擇等於沒有選擇；兩個選擇是兩難；三個選擇才算選擇）。

18. 事情小時就容易處理；所以，若困難的工作，不妨把它分成幾個小部份來處理。

語言假設前提練習

在下面的句子裡，看看每一句裡面有哪些是你可以看到隱藏在這一句裡面的背後的含義。

在下面的句子中，請區分假設前提和讀心術。在每一個旁邊放一個「✓」或「✗」代表「正確」或「錯」：

1. 「我不確定是否應該在外面租房子」。
   __A.他現在有自己的房子，
   __B.他考慮在外面租房子
   __C.他目前很愛他的妻子
   __D.他現在跟別人一起住

2. 「如果狗再叫，我就把他放到外面！」
   __A.這個人是狗主人
   __B.屋內有一隻狗
   __C.狗以前叫過

__ D.這個人對狗很生氣

3.「他坐在窗前，看著樹上的小鳥。」
__A.他家有窗戶
__B.他前面有樹
__C.他想學習新的溝通方式
__D. 樹上有小鳥

4.「我必須停止不切實際的希望。」
__A.他不能停止做出不切實際的希望
__B.他感到悲傷。
__C.他有希望。
__D.他知道他的一些希望是不切實際的

5.「這個洗髮精讓我洗得非常好，而且頭髮會長光滑。」
__A.他很喜歡這個洗髮精。
__B.他的頭髮現在看起來非常光滑。
__C.改變了洗髮精的看法。
__D. 他很喜歡洗頭。

2.2　目標的設定完善條件（Well Formed Outcome）

　　目標這一章節為什麼會在這裡，是因為所有的人在做任何事的時候，基本上都會有一個目標，相信你也一樣，比如說你現在在看這本書，你一定有你的目標，以前曾經在學校教目標管理，但我覺得 NLP 的目標管理是最簡單，而且最好玩的，因為非常簡單，而且你可以從短期目標一直慢慢到長期目標，然後可以進入一份不會互相違背的目標。

　　首先要講的是正向，什麼是正向呢？ 譬如說有很多人都會被失眠所苦，那麼在這裡有很多人她的目標設定的是；希望不要失眠、我希望不要失眠。但這個目標是錯的，你的目標應該是希望可以**輕輕鬆鬆的閉上眼睛的睡覺**或**輕鬆地睡個好眠**，又比如說有人想要控制體重，但是她們的目標卻是設定成減肥，基本上這是不對的，因為你的潛意識聽到的是「肥」這個字，所以現在看看目前外面所有的控制體重的，都叫「**體重控制中心**」，不會看到減肥中心這個字的。

　　目標一定是要有視、聽、觸表象系統的結合，而且重要的是一定要知道完成之後是什麼樣子；開始的時候是什麼樣子，要非常清楚的知道，而且那個形象要非常明顯。再來，在這裡

面是不是講到你要保持現狀的正向**副產品**，因爲任何一個你要的一個東西，一定有一個副產品。比如說抽菸它的副產品很可能是放鬆；不是抽菸。肥胖的**副產品**很可能是你可以**很輕鬆愉快**。所以你想要達到的戒菸這個目標或行爲，有沒有什麼副產品。

生態平衡是很重要的。在 2003 年時有一個諮商者，來找我，說她在 20 幾歲的時候（她找我的時候已經是 40 幾歲），當時她是大學畢業，她先生是高中畢業。他們都在公家機關上班，而她比她的先生早先考進去，但是爲了讓她先生在公家機關晉升的比較快，所以犧牲自己，她讓先生去讀大學夜間部，可以慢慢的爬升；爲了要讓她先生去上課，所以非常專心的照顧家庭。她來找我是什麼問題呢？因爲她的老公跟別人「共有」。從最開始她老公是 5 點、6 點回家，後來慢慢的變成 7 點、8 點，然後應酬到 10 點、12 點，最後乾脆就不回家了。她來找我的時候是老公在外面已經有了小三，問我要怎麼辦？這個就是當初她訂的目標沒有考慮到生態平衡，沒有考慮到後來老公可能的樣子。所以很多事情在計畫之前，要考慮到當你目標達成的時候，如何來維持生態平衡。

現在就來試試看，設定你的目標看看吧！

渴望狀態的設定完善條件

1.以正向之方式表達出來：

負向的說跟做在操作上是不一樣的，因此；以正向之方式
說明目標／結果／渴望狀態／方向，才是最有用的。

2.人對目標之渴望是決定在初始及維持

基於除了你之外沒有別人能控制你的行為或感受等等，而
這觀念若倒過來想也是正確的，也就是，我們不必為其她人的
行為或情緒負責，渴望狀態的實現是無法依賴在她人行為之上
的，要達到渴望狀態必須是要在自己控制與所定設方向／目標
之內才行。

3.根據感知證據為基礎做定義與評估

最少在三個主要表象系統內建立渴望狀態才能為過程設下
一個方向並且將目標轉碼成一種大腦較能深入了解的語言。

4.要能夠保持現狀的正向副產品：

基於每個行為背後皆有其正向之意圖，此正向原素不能被
保持。

5.適當地情境化來符合外在之生態平衡

渴望狀態必須與生態和協相處，舉例來說，你的行為將如
何影響家庭、朋友、工作等等。

這裡我們建議你，等到你學完次感元這一章時，再回來練
習一次。

我們建議你也能夠去引出並測度渴望狀態之次感元。

能夠引出渴望狀之問題：

1.以正向之方式表達出來
請確切地說你所想要什麼？
何時、何地、跟何人共享時，你想要擁有它？

2.人對目標之渴望是決定在初始及維持
你擁有哪些資源來幫助你完成這使命？
（確認資源是否在自己本身控制之內）
（檢查看看是否他們的資源也是在他們的控制之內，等
等。）

3.根據感知證據為基礎做定義與評估：
當你達成目標時，你將如何 How 知道？你如何知道你何
時擁有？
你將會看見、聽見、感覺、嗅到、嚐到什麼 What？
你會看起來像什麼 What？聲音像什麼 What？（讓他們示
範）
4.要能夠保留現在狀態的正向副產品：

假如你達成目標（渴望狀態）會發生什麼事情？

假如你達成目標（渴望狀態）不會發生什麼事情？

假如你沒有達成目標，**會發生什麼事情？**

假如你沒有達成目標，什麼 What 不會發生？假如你沒有得到，將不會發生什麼事情？

保留此問題或你得到什麼？你將得到什麼（次要利益）？

你如何 How 知道達成目標是值得的？你如何知道它值得去追求？

何地、何時、和誰不想讓你達成目標？

何時 When、何地 Where、與何人 With Whom 在一起時，不去擁有它對你才是好的？

5.適當地情境化來符合外在之生態平衡：

這會如何影響你的人生？家人？工作？朋友？

哪些東西會因達成目標而改變？

這將如何影響你的生活？家庭？生意或工作？ 朋友？

擁有它將會有什麼變得不一樣？

你也可以引出並且測度所渴望狀態之次感元，且我們建議你這麼做。

幫助引出現在狀態之問題

1.問題是什麼？明確嗎？

2.你如何 How 知道這是個問題？

3.你如何 How 知道如何 How 有這個問題？

4.你如何 How 知道何時 When 有這個問題？

5.你如何 How 知道這個問題是和誰 Who 造成的？

6.你如何 How 知道問題是在何處發生的？

7.什麼東西阻止了你去改善問題？

能夠引出渴望狀之問題

1.以正向之方式表達出來：請確切地說你所想要的東西，何時、何地、跟何人取得此渴望狀態？

2.人對目標之渴望是決定在初始及維持；你擁有哪些資源來幫助你完成這使命？（借此確認資源是否在自己本身控制之內）

3.根據知覺證據做定義與評估：你將怎麼確認自己已達了目標？你將會看見、聽見、感覺、嗅到、嚐到哪些事物？你會看起來如何？你的說話式會像什麼樣子？

4.要能夠保留現狀的正向事物：若你沒有達成目標怎麼辦？若沒有達成目標，**會發生什麼事情**？若沒有達成目標，不**會發生什麼事情**？若沒有達成目標，你將得到什麼（次級擁有）？你怎麼知道達成目標是值得的？何地、何時、何人讓你

達成目標是不利的？

　　5.適當地情境化來符合外在之生態平衡：這會如何影響你的人生？家人？工作？朋友？哪些東西會因達成目標而改變？

能夠引出現狀之問題

　　1.請確切地說出問題？

　　2.你怎麼確定這是個問題？

　　3.你怎麼知道自己有這個問題？

　　4.你怎麼知道自己已經有這個問題？

　　5.你怎麼知道自己這個問題是他人造成的？

　　6.你怎麼知道問題是因為這個地方造成的？

　　7.什麼東西阻止了你去改善問題？

　　這裡這些問題，都是很棒的問題，請你好好的思考看看，然後回答。

2.2.1-目標設定的練習
（2 人一組，每人 25 分鐘）

　　練習中，一為探索者，一為詢問及記錄者，過程中，注意親和感的建立與維護，及儘可能地運用 NLP 的技巧，以取得高品質的資訊，詢問者依序問探索者以下問題，並記錄之。

1.你要的是什麼？

2.你如何知道，你已達到所要的結果了？

3.你希望在何時，何地，與何人共同完成或分享此結果？

4.你所希望得到的結果，將對你的生活產生何種影響？

5.為何尚未獲得希望得到的結果？

6.要達到想要的結果，你需要具備什麼資源，是否已經擁有？
（資源）

7.要達到想要的結果，第一步該做什麼？（資源）

8.你願意盡何等的努力，以便達到所要的結果（資源）

9.你所設定的結果，與你的價值觀是否相配合？

你達到這項結果對你有什麼好處？得到這好處後你會如何？然
後會怎樣改變你？還有嗎？請最少問 3 回合！

10.達到這項結果，對你有何意義？

11.為了達到結果，你情願戒除那些事情（即向來都會做，但
足以妨礙達到結果的事情）

12.你會不會因為這項結果而失去什麼,或遇到新的難題?

2.3 感官敏銳觀察

　　理查‧班德勒在 20 歲時為維吉尼亞‧薩提爾、弗列茲‧
皮爾氏、米爾頓‧艾瑞克森做筆記及學催眠時發現人們無時無
刻都會有微小的變化，而這些變化都有其意義存在，如果你有
足夠的感官敏銳度就可以觀察到；他在 2019 年課程聚餐時曾
回答同學問題說，若現在年紀讓他為維吉尼亞‧薩提爾、弗列
茲‧皮爾氏、米爾頓‧艾瑞克森做筆記及學催眠；他沒辦法發
現現在的 NLP，因為年輕時的感官敏銳度很好，現在感官敏
銳度已經沒辦法觀察到那些細微線索。

　　所以各位朋友，若你要學好 NLP，感官敏銳度是很重要
的。

　　就像中國 2014 年連續劇「戀戀不忘」中的男主角，外表
冷靜，但做事心狠手辣，只要決定的事卻眼光獨到，能看到別
人看不到觀點，往往能制敵機先。

　　感官敏銳測度僅僅意味著發展你的感官敏銳度，以至於你
可以開始看到人們與你交流的反應變化。注視他們的眼睛、眼
睛周圍的肌肉、下嘴唇、臉和手的顏色，呼吸或他們說話的方

式。這些都會給你很多關於這個人的訊息。例如：在日劇半澤直樹中你看到男主角不講話開始找資料時，此時的半澤就是在崗位上，迎難而上，化解各種難題與阻礙，對那些百般刁難的對手能否再次「加倍奉還」的準備時刻了。

同樣的，我在學校任教時，當同學有「困惑」訊號出現時，總會皺眉、肩膀肌肉緊縮並些微地緊咬牙齒。假如這時在學生正傾聽課程某部分時觀察到同樣的線索，便掌握學習者經歷「困惑」的證據，即可適當地做出回應、並多做講解。

擁有能做出這些觀察的感官意識，在所有溝通部份中是項精密而重要的技能。練習解讀旁人是個增進此技能的方法。例如，要求你的朋友或同事試想某件非常滿意的事物。在你的夥伴正思考當下，觀察他的臉部表情、眼睛動作與姿勢變化。然後要求你的夥伴試想一件感到非常不滿的事物，並再仔細地觀察一遍。你應該可以看到你的夥伴對於這兩個想法不同的非語言反應。最後，要求你的夥伴試想此二者之一或另外一件不同於前的事物，但先不要告訴你其所想為何者。之後，借著觀察夥伴的思考線索屬於何者來「讀出他的心思」，並告知他所想的是哪一類。你也許會驚訝自己有多麼神準。

高興的表情

不高興的表情？

滿意的

不滿意的

滿意還是不滿意呢？

測度與留意且認知結合不同想法與內在狀態的微妙線索與行為表達有關。

在觀察視、聽、觸線索這部分一定要知道，高興、不高興可能很容易看出來的。但是細微的線索，一定要建立一個叫做「基準點」；是指你可以問他一些簡單的問題，建立基準點，這樣子你的感官敏銳度判斷才會準確。所謂的基準點是指，例如一個人說謊的時候，可能會出現的某一表情是一樣的，所以你只要知道下次這個人再出現這種表情的時候，那麼你就可以知道他可能是在說謊，但未必是在說謊，要再去做確認。

視覺線索

    1.膚色（亮—暗）

    2.皮膚色調（對稱—不對稱）

    3.呼吸變化（快—慢）

    4.嘴唇（線條—無線條）

    5.瞳孔擴張（擴張—收縮）

    6.其他轉變：手交疊、腿交叉、前傾&往後

聽覺線索

    1.音量（大聲—柔和）

    2.音調（高音—低音）

    3.節奏（快—慢）

    4.口頭風格：

    5.節奏（旋律）：

    6.言語內容：言語

觀察其他人物

跟米爾頓・艾瑞克森學習時，理查・班德勒觀察到，人隨時都在發生變化，而且這些變化已經發生，這意味著如果你有足夠的感官敏銳度。你可以開始看看人們在交流時的反應。看他們的眼睛，眼睛周圍的肌肉，下唇，臉部的顏色和手的動作，呼吸或說話的方式。這些都會給你很多關於這個人的訊息。

2.3.1-感官敏銳度練習

測度練習 1

1.B（指導者）請 A（探索者）回想一位他很喜歡的朋友
   或親人，當 A 開始回想時，B 注意 A 之眼睛移動位
   置，頭的角度變化，呼吸的深淺，快慢……，臉部肌肉
   的鬆緊，膚色，嘴唇的大小……
2.現請 A 再回想一位他不喜歡的人，B 觀察上述要點，
   看那些有變化了。
3.任意由 A 回想上述任何一位人，或想另外的喜歡或不
   喜歡的人，B 要能辨識出來。
4.角色互換，重複上述步驟。

測度練習 2

「測度」涉及行為線索、內在認知與情緒反應的連結。找
一個夥伴並試試下列練習：

1.要求你的夥伴試想某個他感覺熟悉且了解的概念。
2.仔細地觀察你夥伴的生理線索（就好像自己是福爾摩斯
   一般）。
   注意你夥伴眼睛的移動、臉部表情與手的動作等。
3.之後要求你的夥伴試想某件令人混亂或模糊的事物。再
   次仔細地觀察他的眼睛與面貌。

4.留意到特徵模式之間的不同為何。

5.現在要求夥伴在二者中選擇一個並再想一遍。

6.觀察夥伴的特徵。你應該看見連結理解或其困惑之中一類特徵的痕跡。

7.猜猜看並與你的夥伴核對你是否猜對了。

8.讓你的夥伴試想其他理解或覺得困惑的概念，看看你是否能猜對其所進入的範疇為何者。藉由與夥伴核對來證明你的猜測。

9.之後對你的夥伴解釋某個概念，並藉著觀察他的特徵來決定他是否已理解、不甚清楚或仍舊困惑。看看你是否能決定理解到來的時刻。

10.角色互換，重複上述步驟。

測度練習 3

每組人數：2-3/指導者、探索者、觀察者

建議練習時間：每人 10 分鐘

（連續三次猜對後就可角色對換）

1.B 問 A 一些問題；B 事先已知這些問題的答案為肯定的，A 在心中思索這問題的答案，但不要說出來。B 測度 A 以非語言的方式回答「是」樣子。

然後 B 再問 A 一些已知答案為否定的問題，並於 A 思

索答案時，B 從旁測度之。（檢視）

2.B 向 A 問一些是非題，但 B 並不知答案爲什麼；在 A
思索答案之後，B 代 A 說明答案。A 則立刻指出 B 的
猜測是否正確。

例如：你是男（女）的、你戴眼鏡……。

測度練習 4

聽覺練習

1.A 先閉上眼睛，B 說某一句話，如「今天心情眞
好？」、「你不好嗎？」、「再見」或「記得哦」
等，但分別以兩極的心境說出，如「高興」對「生
氣」、「誠懇」對「諷刺」、或「興奮」對「洩
氣」……等。B 說時，只要先說這是第一種，或第二
種，然後才說那句話，幾次後，確認可以分辨了，再
繼續下一步。

（檢視）

2.B 這次不說是那一個心境，直接說出那句話，A 要馬上
回答出是第一種還是第二種。如果一時不確定，可用
猜的，直到連續三次都說對，就可角色互換之。

（挑戰）

更挑戰性的作法是 B 可以再增加一種心境，或以兩種較近似的心境說；剛開始可以較長的句子說，逐漸換成只有一兩個字的句子說。

2.4 契合（Rapport）一影響力的基礎

契合的定義和重要性

很多人在生活中，都有以下的經歷：

1. 在某些場合，和人交流時，感覺很不自在，想盡快結束離開現場。
2. 有時候剛開始時，相談甚歡，但當踏入某個主題時，氣氛及感覺忽然改變，變得格格不入，產生了疏離及冷淡的感覺，甚至最後不歡而散。
3. 碰到一些剛認識的人，相處得十分輕鬆愉快。甚至越談越投契；有些相見恨晚的感覺。
4. 和一些人交流後，感覺大幅提升彼此的關係⋯⋯

人與人之間相處的和諧感覺，我們稱之為契合度（Rapport）。如果契合度是零或者低，我們就會漠視、懷疑、不信任、討厭，甚至憎恨對方。相反，契合度高，我們就會對對方好似一個開放、接受、友善、信任，甚至喜歡對方的

態度。

回想一下生活中（包括社交及職場）的體驗。我們是否試過滿懷誠懇，充滿善意地，闡述一些概念，或介紹一些新的事物或服務給親友。但對方的反應卻是冷淡、甚至抗拒。儘管當中我們已經評估了以往相處的關係是友善互信互信的，甚至不涉及任何利益，對方的反應卻令自己大失所望。最糟糕的後果，是令本來有好的關係變差了。

我們禁不住提出一個問題： 對方不同意也就罷了，怎麼自己滿懷善意和有理有據的提議，竟換來對方的懷疑及抗拒（甚至攻擊）？我們可能會因此有些生氣！引致雙方關係的疏離或割裂。

一般人在和別人的溝通或相處中，會自覺或不自覺地，希望達到某些目的或良好的感覺。例如在職場中，我們會想透過某些銷售或推介的動作，追求對自己有利的結果。或者我們可能只是單純的希望透過這些互動，得到一個安全愉悅及肯定自我的感覺。在幾乎所有溝通中，有個共通點就是我們是企圖影響對方（包括增加對自己的好感）。

有趣的是，當我們覺得對方刻意影響自己，特別是我們對對方沒有好感或不信任時，很容易覺得對方在操控自己，產生抗拒的情緒。如果我們對對方有好感或信任時（換句話說是契合度高時），我們會比較保持開放及接納的態度，甚至欣賞對方的推介動作，最少會認同對方動作背後的善良意願。

如果能提升和別人的契合度，會大大增強我們在生活及職

場中的影響力！

如何提升契合度？

　　一般人都討厭被操控的感覺。當意識到被對方刻意影響改變自己的想法或決定時，抗拒的情緒就容易產生了。這時候會引發我們對抗或逃離現場的想法或動作。而大多數人都會喜歡和一些接近或同自己一樣的人相處。我們會見到，社交場合中，大家會自覺不自覺地找出大家相同的地方，例如：我們是同鄉、我們唸同一所學校，或誰誰誰是我們的共同朋友……

　　所以讓對方認為我們是同類的人，能快速有效地提升契合度。

　　在很多處境中，常常看見一些，一開始就想影響對方的現象或例如。這容易犯上一個毛病，我們並沒有建立影響對方的足夠條件（契合度不足夠），就試圖改變對方的想法或決定。這就引致了抗拒甚至關係的疏離！尤如我們想改變對方行走的路徑，就先陪同對方共同走一段路（同步），建立好足夠的信任和溝通，才能有效帶領對方採納一條新的路徑。這個原則在生活的應用中，我們稱之為「先呼應，後引導」（Pace and Lead）。

　　「先呼應，後引導」可以在各種的層面上應用：

　　　1.出身背景

　　　2.言語用詞、語氣、語速及音調

3.肢體語言（包括動作及節奏）

4.情緒狀態（例如歡喜、興奮或沮喪等等）

5.意見／見解

6.價值觀跟信念（Values and Belief）

「先呼應，後引導」在這幾個層面都威力強大，這裡特別強調價值觀跟信念這一層面。當人認同雙方持有共同的價值觀跟信念，會認為對方的出發點是善意的，更容易包容及接納對方的意見及行為。

希望大家注意到，以上的幾點，不一定與表達的內容（Content）有關係，反而很多都是跟表達的過程（Process）有關！假設表達的內容一樣，傲慢、冷漠的語氣，容易引起反感；謙和、誠懇及熱情的語氣，通常得到接納和包容。NLP其中之一個前置信念（Presupposition）就是過程比內容重要（Process is more Important than Content）！

實際生活的應用

看到這裡，我們可能已經發覺生活中，已經不自覺地應用了這些技巧。例如，當我們開展了一段熱戀的關係，正想和好友分享興奮的心情，卻見到對方因為剛剛失戀而垂頭喪氣，我們也會先照顧對方的情緒。又或者在異地旅行時，碰到有人說自己母語時，我們會陪感親切，而且還會和對用方言俚語溝通。但在生活當中，我們不見得時刻都能夠有意識地運用這些

技巧。我們自己情緒太強的時候，很容易會忽略對方的當時情緒及感受。當中就牽涉了我們一般所說的「同理心」。

很多人會將同理心（Empathy）和同情心（Sympathy）混淆。同情心是表達自己認同和具有當時對方一樣的感覺或情緒。同理心是能站在對方的觀點角度立場上，去思考和感受世間事物。同情心不一定能達致良好的溝通，甚至有被誤解的可能；同理心卻通常可以得到良好的溝通效果。例如有朋友跟你抱怨生活裡面都是一些不好的遭遇，卻忽略了自己的責任，沒有反省自己有否已經盡力對面對和改變事情的發展。如果我們只是呼應現實生活有多殘酷，這的確是富有同情心。卻未必對這個朋友有實質的幫助，就算只要求情緒上的舒緩，亦未必見效。同理心卻是要表達認同及分享有很多不能控制的變數，令生活不見得順利。同時我們亦渴望避免或改變這些不幸的遭遇，再發生在自己的身上。這樣就可以留下空間，去聚焦如何為自己的生活負責任及積極改進。

所以在生活的層面上，實踐「同理心」，就要具備精確的觀察能力，和行動上能靈活多變地表達同一個想法或意見，這就要求行為上的靈活度（Behaviour Flexibility）。在之前的篇幅亦有提及，在往後的內容中，亦會不斷強調。同時強烈推薦大家去參與 NLP 的工作坊，去體驗及嘗試在生活的範疇中實際應用。

在以下的例如中，我們可以見到如何運用「先呼應，後引導」的技巧，在職場上得到理想的效果。

有一個顧客，拿住一件已售出的貨品，向店員作出投訴。他滿面怒容，在店舖裡大聲埋怨產品有損毀，並強烈要求立刻賠償。

客服員面臨很大的壓力要立刻處理，因為客戶現場強烈的的投訴，會影響店舖中其他客戶的情緒及購買意欲。處理稍有不恰當，會帶來對商譽的負面影響。另一方面，又怕自己把關不嚴，造成讓客戶鑽漏洞，將自己損壞的貨品當作公司的製成品有瑕疵的先例。

很多高級品牌的店舖，都會有一套流程去處理這些投訴。一般是先讓客戶的情緒平復冷靜，再要求了解調查貨品的損壞的因由，確認不是客戶對售出貨物是他們自己造成的損壞，然後再提出解決的辦法。例如更換貨物、維修貨物或退回售款，或組合以上幾個方案，為客戶度身訂造一個令對方滿意的方案。指引是清晰了，但實行起來卻不見得容易。某些經驗淺的客服員，可能會急於提出具體解決客戶問題的方法，但客戶卻不見得會接受。一些比較資深的客服員，可能會先向客戶道歉，在引導客戶接受公司指引的解決方法。

以下是我某些親身體驗或旁觀的例如：

客戶： 看！我回家打開包裝，貨物已經損毀！我要求賠償損失！

客服人員： 不好意思，如果買到有損壞的貨物，我代公司向你道歉。請先讓我確定在發貨之

　　　　　　　前，貨物的情況已經是有損毀。確認之
　　　　　　　後，我們會立刻處理賠償。您可以選
　　　　　　　擇……

客戶（插口）：　你怎麼去作確認？難道我還會冤枉你公
　　　　　　　司？我是無賴、詐騙集團嗎？分明是你們
　　　　　　　出錯又不肯負責！我一定會向傳媒投訴，
　　　　　　　讓其他顧客有所警惕，怎麼保障自己的消
　　　　　　　費權益……

　　這些場面，大家是否有熟悉的感覺？之後，情況發展下
去。常常見到客戶和客服人各說各話，情緒不斷升級。客服人
員覺得自己已經跟隨公司的指引，而且很合理地去解決客戶的
問題。但客戶卻覺得對方沒有誠意，只是用例行的程序去敷衍
自己，沒有用心去解決問題。客戶亦很可能進入一個狀態，就
是只會選擇立即退款或更換貨物，並要服務員個人的道歉！客
服的處境更是尷尬，既然覺得錯不在我，勉強道歉會很委屈，
不去道歉不跟隨公司的程序，卻會惹來極大的麻煩。

　　問題來了！客服人員不是一開始已經表達歉意，先去平撫
客戶的情緒狀態嗎？而且緊隨著的是解決的具體步驟和方向，
並且會給予客戶一個公平的處理和賠償。怎麼客戶還不滿意？
這裡我們先暫停一下。（令個案情況簡單一點，先假設客戶沒
有存心欺騙。）

　　在分析處境和技巧之前，大家先想想，客服人員是否已經

採用「先呼應，後引導」的方法，達到解決問題的有效結果？

首先，客服人員的「道歉」，是否真的能讓客戶覺得客服人員了解他的感覺？客戶可能覺得是口頭式的道歉，並沒有誠意。困難在於，客服人員不能輕率地直接同意客戶的描述，要保障公司及自己。但在客戶聽來，這是一個官僚式的回應，並不重視自己的感受。也沒有顯示足夠的誠意去解決自己的困難。

要有效運用「先呼應、後引導」的技巧，我們建議用以下類似的語句（用誠懇的語氣，加上恰當的表情）：

「作為一個消費者，買到了有損壞的產品，都會覺得失望及憤怒，會立刻去想要，如何讓自己付出的金錢，會物有所值。最理想是因此我付出的額外時間和精神，都會得到合理的尊重及補償。」

這些話術和之前有一個最大的分別，在於客服人員並沒有真的認同顧客的實質投訴，同時亦明確表達了解作為一個顧客的合理期望和權利。這就是我們之前所講的「同理心」的實際應用。聽到這樣的說話，一般的顧客，會比較容易平復情緒，並轉移到一個比較開放的狀態去開始聆聽客服人員提供的解決方案。

接著我們建議可以採用以下的說話：

「為了不讓類似的情況發生，我們希望了解一下實際情況，調查一下什麼情況導致貨物的損壞或瑕疵。期望可以改進，讓您或其他顧客將來再購物時，避免引致額外的不便或不

愉快的購物經驗。」

上面的說話，是在提供實質解決方法之前，讓客戶覺得，仔細找查實際貨物損毀的原因的程序，是爲了維護顧客的利益。實際上這是引領客戶對調查貨物損毀的原因的觀感，將焦點從「懷疑客戶有不負責任的可能」轉換爲「維護自己及其他客戶的利益」。這是重要的一步，有效運用「先呼應，後引導」的技巧。

現在回顧一下我們建議的步驟。首先，我們在非語言層面及情緒上表達我們身同感受。而且當道出了客戶強烈投訴背後的價值觀念，並加以認同，我們確切地、有效地表達了「同理心」。緊接著，我們將焦點引領到如何保障客戶自己的利益及後續的具體步驟。整個過程，就是實踐了「先呼應，後引導」的原則及方法。

以上的討論，其實已經觸及 NLP 另一個重要的技巧——「換框法」（Reframing）。在本書的未來章節，會有比較詳盡的描述。

事情的發展，就是客戶可以比較理性地探討整個事情的實際情況。過程中，有可能客戶會發現自己的責任，這樣對公司的商譽會減少傷害甚至加強。當然，某些客戶最後亦會堅持賠償。又或者這過程真的讓公司瞭解了可以改進的空間。這時候，客服人員可以順利地提出各種解決的方案。

總結

總結一句，「先呼應，後引導」是一切影響力的根基法則。要和對方同步，必先要察覺對方的行為及思想方向。在確認自己想要達到的效果（或結果）之後，能具備靈活多變的有效手段，去達成自己期望的結果（Desired Outcome）！

練習

有朋友對自己的財務狀況抱怨。

「我每個月的收入，僅僅滿足正常的開支。女朋友最近要求我每月存起收入的 10%，作為將來建立家庭的準備。約會仍然需要花費，我也不想影響目前的生活品質！這是一個不可能完成的任務！」

假設你了解這個朋友其實在日常生活，有很多無謂的支出。而且他的女友並不堅持，甜蜜的關係，需要目前奢侈的花費方式支持。

試運用以上例如所示範的步驟，寫出採取「先同步，後帶領」技巧的語句。

預期的效果：

1. 了解並認同對方的企圖及價值（例如維持合理的消費水平及生活品質、維繫和結婚對象甜蜜浪漫的關係等等）

2.引領觀感從「犧牲目前的生活品質」，轉換到「爲將來
　更美好的生活作準備」。

3.再引領探討，如何具體地爲將來作財務準備，又不需要
　影響目前的生活品質的方案。

2.5 動態親和力

就像跳雙人舞一樣：

一進一退

一退一進

融洽親和感是通過呼應和映現引導來建立的。整體呼應，
調整你的身體以接近他人的姿勢變化。

什麼是呼應和引導以及何時使用它？

請想想做呼應和引導對你有什麼好處？

描述呼應和引導的最佳隱喻是跳舞時跟伴侶的關係：首
先，按照伴侶的步驟、步調、節奏、步伐然後，你帶頭，伴侶
順勢跟隨。NLP 中的「呼應和引導」技術教會你如何在兩個
人之間建立有效和諧的互動。

呼應和引導是成功建立關係的祕訣

　　無論你是商業專業人士、科學家、專業人士或老師，所有人都必須每天與他人互動。通常你想幫助、教育或影響這些人。首先通過對這些人進行蹠步，你贏得了他們的信任和關注。我們在課程中成功地訓練一個人，學習如何讓夥伴讓你引導。大多數成功的領導者都明白，讓人們感到認可比讓他人認同他們的立場更重要。當有人被你認可時，他們很可能會支持你。通過將這種技術整合到您的行為中，您可以輕鬆地與周圍的人建立融洽關係，並協助他們進行他們想要的改變或實現您的個人目標。

呼應、呼應、呼應、引導
呼應、呼應、引導、引導
呼應、引導、引導、引導

2.5.1-NLP 探討基本互動技巧的練習

測度中的呼應與導引

每組人數：3 人/組，指導者、探索者、觀察者
練習重點：溝通時映現、尋跡技巧

1. 指導者要求探索者試想某個自己覺得十分「令人興奮且有趣」的人，以及一個「令人感到無趣」的人，並測度探索者的生理狀態有何差別。

2. 指導者接著詢問探索者有關此二人並映現探索者在談論此二人時的生理狀態。這是最容易達成的部分，藉著指導者持續「尋跡」探索者的每個評語（例如「主動傾聽」）

3. 然後指導者藉由詢問時帶領探索者進入其結合之人的生理狀態，導引探索者於練習的猜測部分期間想出一個或其他的人。

   「隨機選擇一個或其他二者之一，並立刻試想此人。」

呼應對方的節奏

1. A、B 兩人，先由 A 引導雙方感到有趣的話題，約 2 分鐘，B 於此時挑選要映現的行為。

2.接下來 3 分鐘，A 還是繼續引導，而 B 重覆或是映現 A 的某項選定的行為。並隨著 A 的節奏，做呼應。

3.在接下來的 3 分鐘，B 可在 A 繼續引導中，測試已建立的親和感是否堅固，用改變姿勢，手勢……，看是否 A 也會跟著改變，也可改變呼吸的速度，來看 A 的講話節奏會否改變。

4.如 A 沒有跟著改變，則 B 可再恢復原來的映現動作，過幾分鐘後，再試之。

5.剛開始時，B 選擇覺得最容易的做，然後再逐漸嘗試各種不同的呼應方法。可以同時呼應幾種不同的行為（如姿勢、音調、呼吸……等）或一次只用一種。

6.10 分鐘後，角色互換·兩人都結束後，可花 5 分鐘互相交換剛才的經驗與心得。

2.6　眼睛解讀線索（Eye Accessing Cue）

　　神經語言程式（NLP）重視的是關於模式（Pattern）。在 NLP 中，對內容沒有那麼大的興趣。通常這對我們來說是一個有趣的過渡期。第一步是關注你與他人互動的過程——傾聽形式、觀看形式、感受形式，不參與內容。

　　眼睛解讀線索這技巧在好幾部電影、連續劇裡都演過、應用過，在連續劇 Lie To Me 劇中，男主角先對當事人做基準，男主角問當事人，而當事人的眼睛飄到右上角，所以男主角由基準對照知道他是說謊，這是最有名的劇情。

　　大腦是一個複雜的器官，作為我們所有情緒、記憶，外部刺激和內部反應的中央處理單位。要理解個人如何處理內部訊息並預測他將如何採取行動，我們首先需要了解一些關於大腦是如何組織的。

　　接著而當我們在內部處理訊息時，可以通過視覺、聽覺、觸覺、嗅覺或味覺來進行；通過任意一個或五個感官系統的任意組合來知道單詞的含義。

　　通過仔細觀察一個人的眼睛模式，我們可以得知他存儲相關訊息的位置以及他將如何採取行動。

Bandler 和 Grinder 觀察到，人們根據自己的思維方式在系統的移動眼睛。這些動作被稱爲眼睛解讀線索。下頁的圖表顯示了大多數人在特定方向移動眼睛時所進行的處理。一小部分人被「顚倒過來」，也就是說，他們將眼睛放在圖表的鏡像中。

如果您只是簡單地將它疊加到某人的臉上，這張圖表就很容易使用，因此，當您看到他們朝特定方向看時，您可以看到該眼睛接觸提示的標籤。

這圖是正常的右手型的人的眼睛解讀線索，把書拿對著對方就可。

眼球運動

自動而潛意識的眼球運動常伴隨特定思考過程，表示表象系統的使用。NLP 將這些線索列入下列模式中：

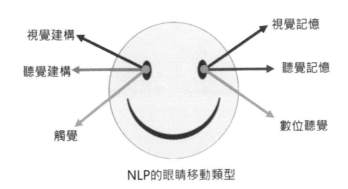

視覺建構
聽覺建構
觸覺
視覺記憶
聽覺記憶
數位聽覺

NLP的眼睛移動類型

c（Construct）建構：指可能是虛構、未實際發生的。

r（Recall）記憶：指記憶中的事，也未必是眞的。

Ad（Auditory Digital）數位聽覺：是指自我對話、自言自語。

k（Kinesthetic）觸覺：是指身體的感覺。

多部電影中曾描述；眼睛在 Vc 建構位置就是說謊是不正確的，你要先建立眼睛解讀線索的基準才能加以判斷。

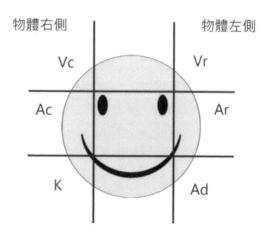

眼球運動模式之內部地圖的圖形或圖表。

在下列圖示中，指出每個箭頭所結合的表象系統。

物體右側　　　　　　　　　　物體左側

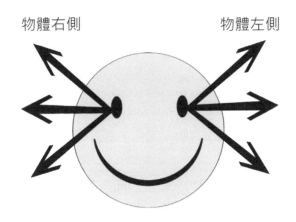

　　譬如說你問昨天晚上看到什麼？這個時候假如他的眼睛飄到他的左上方，那他就是一個標準右手型的人，問說你可以想像外星人長什麼樣子嗎？這個時候也許他是在記憶當中去搜尋他所知道的外星人的樣子或者是他正在創造一個他沒有見過的外星人的樣子。假如你問他：知道阿妹最盛名的那首歌是怎麼唱的嗎？這個時候也許你給我看到他眼睛飄到往左飄了，然後你跟他說：你可以跟自己講我很棒嗎？或許你會看到他眼球是往他的右下角看，可以再問問他，你現在感覺有沒有覺得很棒啊，也許這個時候眼睛往左下角看了。

2.6.1-視覺、聽覺、觸覺解讀線索變化練習：

講解大綱：下列分別爲視、聽、觸覺解讀線索變化練習。學習
在各不同感官的互動、解讀線索變化線索，觀察探
索者的感官線索，練習解讀線索變化。

每組人數：2-3 人/組；指導者、探索者、觀察者

建議練習時間：每人 10 分鐘

練習重點：觀察各感官線索變化、解讀線索的細緻改變。

　　回想一個愉快的經驗。與一個同伴探索在自己嘗試達成下
列每個指示時，你的生理狀態是如何變化。

　　1.將注意力只集中於與記憶結合的聲音上。

　　2.現在，將聲音完全去除。

　　3.只注意你所結合記憶的內部影像。

　　4.現在，使影像消失。

　　5.只注意你所結合記憶的感覺。

　　6.現在，消除這些感覺。

練習：眼睛移動解讀線索

講解大綱：眼睛移動解讀線索，讀取、觀察探索者反應的眼睛
移動線索。

每組人數：2／指導者、探索者、觀察者

建議練習時間：每人 5 分鐘
練習重點：眼睛移動解讀線索的細緻改變

　　找個同伴，詢問下列問題並觀察他或她的眼球運動。藉由表達你觀察位置順序的標線或數字，在下列空格中記下你同伴對每個問題的眼球運動。

　　你能多生動描述早先觀察練習中所做的物體圖案？
　　你能多清楚地回想起早先觀察練習中你所再現的聲音？
　　你能多徹底地感知早先觀察練習中所觸摸之物的感覺？
　　對你而言極為重要的事物為何？馬上想想看。

記錄在下表中

	物體右側	*物體左側*
上面		
側面		
下面		

	物體右側		物體左側
上面			
側面			
下面			

	物體右側		物體左側
上面			
側面			
下面			

	物體右側	物體左側	
上面			
側面			
下面			

觀察眼球移動練習

以慣用右手者

1. A站於B／C兩人二步之正前方。

2. B／C輪流發問並觀察A眼球移動的情形。

3. A按BC之問題於心中思索但不回答，BC於問後仔細觀察A之眼球移動情形，若不如預期的移動，BC可立刻問A心中經驗了什麼。

4. 角色對調，重複練習之。

a-1 你的客廳有幾扇窗戶？

a-2 想像一下，如果手機喇叭聲換成雞叫聲，會如何？

a-3 想想你85歲時候的樣子。

a-4 請在心中重複這句話：『我目前最喜歡的是什麼？』

a-5 如果你有三隻眼，那會是副什麼樣子？

a-6 想像冰塊在手中融化的感覺。

a-7 如果有人問你要如何當個億萬富豪，你如何回答？

a-8 在心中重聽一遍你覺得最棒的歌。

a-9 你第一個男／女朋友的長相為何？

a-10 請整理一下自己在上節課的心得，等會兒分享。

b-1 朋友中誰的手最柔軟？

b-2 想像泡過冷水澡以後的感覺。

b-3 你覺得『新冠肺炎』這句話對你有沒有意義？

b-4 如果你講話的聲音像鋼鐵人，那會是怎樣？

b-5 能想像自己在火星的樣子嗎？

b-6 朋友中哪一個的頭髮最長？

b-7 請在心裡回答這個問題：『這課程有趣嗎？』

b-8 想像自己從 101 樓高的地方高空彈跳下來。

b-9 『2 隻老虎』這首歌的第 5 個字是哪個字？

b-10 你住的地方最亮的是哪？

在下列表中你只要簡單的畫上上下左右的方向就好了

a-1		b-1	
a-2		b-2	
a-3		b-3	
a-4		b-4	
a-5		b-5	
a-6		b-6	
a-7		b-7	
a-8		b-8	
a-9		b-9	
a-10		b-10	

2.7　生態平衡（Ecology）

我們人類資恣意妄爲的享受，使地球上空破了好多個洞，結果我們現在就要花費非常多的代價才能夠慢慢的把這些破壞的臭氧層給補起來，這就是造成了生態平衡的破壞的一個例如，這是大的系統，而每個人都身處無限的小系統。

多年來我接觸過好多因爲破壞生態平衡而後悔的案例，希望所有人做任何事前都應該仔細三思。

生態平衡被定義爲：「研究有機體之間以及有機體和環境之間的相互關係和相互依賴」。生態平衡處理的兩個關鍵問題是「進化（Evolution）」和「適應（Adaption）」。Haeckel認爲，達爾文的自然選擇進化論在本質上涉及到」生態平衡」。達爾文假定會生存下來進行繁殖的有機物是最適應於環境的。從這個觀點出發，進化被看作有機物的改變或突變。這讓它們更好地適應特定環境利基，或擴大所能適應的環境範圍。因此，「生態適應」可能是更大系統內，任何元素成功和生存的、最重要的單一準則。根據系統理論的多重選擇之必要原理，最具適應和進化能力的系統元素在適當的區域內最具彈

性。

在 NLP 中，「個人生態平衡」涉及到一個人內部或周圍所有系統組成元素的適應度或和諧度。當人們設定目標並試圖發生改變時，他們通常不會考慮這些變化對他們所處的系統產生的」生態」影響。因此，「生態目標」是指和諧地適應於個人系統剩餘部分的目標。

除了在系統內涵蓋很多觀點外，評估生態平衡還必須承認：特定的人可能處於很多相互重疊的系統當中。思考一下，在這個時刻，你處在多少個不同類型的系統當中。它們可能包括家庭、環境、政治、經濟、組織系統等等。（據推算，普通人同時處於 160 多個系統當中。）

生態平衡測試（Ecology Check）

「生態平衡測試」是每個 NLP 技巧的關鍵步驟。它主要包括了評估特定行為改變對系統剩餘部分或某人所處系統的影響。一個生態平衡測試還包括：通過個人當前系統內的行為，思考當前行為背後的正向意圖、目標和接收到的次要獲利。比如，某人成功地戒菸了，但沒有找到其他選擇來處理這個行為的正向意圖和次要獲利。這就可能使他變得易怒或暴飲暴食。

在 NLP 系統中，生態平衡包括在個人方面和關係方面，考慮變化產生的後果。進入變化過程之前，注意力集中在評估一個改變將會如何影響系統的其他部分；還要考慮對不同系統

的影響（正向的或負面的）。比如，致力於商業投機的成功會給家庭生活帶來壓力。另一個典型實例是：一位婦女習慣了每天早上與丈夫坐在一起，點根煙、喝杯咖啡。戒煙後，她開始感受到關係上的壓力，因為她每天早上不再和丈夫待在一起了。她吸煙行為的次要獲利就是在一段時間內，全心全意與自己的伴侶一起度過。為了讓行為上的變化更「生態」，她需要找出其他替代方法來保持與丈夫的關係。

　　只從系統內的一個觀點觀察，無法作出適當的生態平衡測試。上述實例中的婦女起初沒有找出停止吸煙對關係造成的生態問題，因為她沒有採取丈夫的觀點或思考吸煙的正向面向。戒煙不僅對個人和生理上的生態平衡來說非常重要，還會對自己所處的系統產生後果。

　　在 NLP 中進行生態平衡測試包括採取多重觀點。比如，很多 NLP 從「客觀」 觀點利用「轉換位置」收集資訊，並思考行為和言語資訊對他人產生的作用。

2.8 表象系統（Representation System）

你是什麼學習系統？你是如何做各種決策的？

　　一個朋友，他高中的時候的化學成績不好，幾乎都是在及格的邊緣上下，然而，他大學卻依志願考上了化學工程系。但是，很奇怪，他大學一年級的普通化學卻非常好，一開始搞不清楚爲什麼會差異這麼多，隨隨便便都是班上最高分的，甚至比得上研究所的程度。一直到他學了 NLP 後他才知道，原來在高中的時候，老師的教學方式是一種觸覺型的，就是在黑板上寫一大堆的化學方程式，而在大學呢？老師的教法則是畫分子結構圖，而他這個人是視覺型的，這時上課時老師就是在畫分子結構圖，這些分子結構都像在他的大腦裡面跳舞一樣，所以他的大一的化學會這麼好，是因爲老師的教法正好符合他的視覺型的學習模式。很多同學以爲他很認眞又非常用功讀書，但他只是很用心的看老師在黑板畫分子結構圖的方式上課，回家幾乎是不再複習。因爲這些分子結構圖已經在他腦海裡面，所以考試的時候就是把這些分子結構圖再畫一畫，就知道答案

了。

　　另外一個朋友；這個人其實就是我啦，大學的會計、商業
微積分，大都就是躺在床上看來的，隨便考就一定是排在班上
前三名，以前我不知道是什麼原因，一直到學習 NLP，才知
道因為我是視覺型的人，需要讓這些微積分的方程式在腦海裡
面跑，會計讓它在我的腦海裡面跑，根本不需要去做這些會計
題目；我在學會計的當中從來沒有實際上在桌上寫過一題會計
題，很多人根本不相信，但是我確實如此。學完 NLP 後，才
知道自己是個視覺型的人，我都是用視覺型的方式在讀書。後
來曾經有看過研究發現，台大醫學系的同學，基本上超過 90
%的比例都是視覺型的。

　　依照這個模式；我在企業界做演講教銷售時，也發覺很多
厲害的高手，其實不是他很厲害，是因為他剛好使用了符合的
對方的表象系統，也就是符合對方的採購決策、購買決策。所
以在這表像系統要跟你談的是，你是屬於什麼樣表象系統、學
習系統，你所接觸到的對象，他可能在買珠寶、買房子時的決
策模式。

人類主要之經驗

　　人類經由五種感官/感元來經歷與體驗這個世界，人類使
用這些感官感元將外在世界的東西轉碼、組織、儲存、賦予意
義輸入身體內，因此它們也被稱為**表象系統**，當感官輸入的資

料被內在處理時（亦稱爲表象），它只能夠被轉譯成爲一種近似於原本事物的感官表象或地圖。因此，現實（外在）與我們對現實的感官（內在）是不一樣的、也就是：**地圖不是疆域**。

拿「這本書是藍色的」來當例如，藍色是我們用來形容看到光譜中某個部分時的經驗，但因爲被語言的結構所誤導，我們卻拿藍色來形容書的特質，而忘記了藍色是我們給予視覺體驗的名稱。

人的系統在任何時刻皆有龐大的感知資料可供使用：感知輸入則是經由中央神經系統多種方式過濾，因此它永遠只准許一定數量而非全部的感官資料被傳輸到我們意識覺察力之中。

眼睛模式問題

（用 Vr，Ar，Ad 或 K 使用的問題）。

Vr：視覺記憶：從記憶中看到圖像，回憶他們之前見過的東西。

問題：「你長大的房間的顏色是什麼？」、「你曾經擁有的第一輛車是什麼顏色的？」

Vc：視覺建構：人們從未見過的事物的圖像。當人們頭腦啓用時，他們正在使用視覺構造。

問題：「如果你的房間（汽車）是藍色的，它會是什麼樣子？」

Ar：聽覺記憶：當記住你之前聽過的聲音或聲音，或者你之前對自己說過的話。

問題：「長大後，你有寵物嗎？寵物有什麼樣的聲音？」、「我說的最後一件事是什麼？」、「你能想一下你媽媽的聲音嗎？」

Ac：聽覺創造：創造你以前沒聽過的聲音。

問題：「如果我有唐老鴨的聲音，聽起來怎麼樣？」

AD 數位聽覺（自我對話）：當你與自己對話時，就是內部對話。

問題：「你能忠於自己嗎？」、「你還記得小學時的學的詩嗎？」、「你可以對自己說 7 次我愛你嗎？」

K--Kinesthetic ：（感覺，觸覺）。當你在詢問你的感受時，通常你會朝這個方向看。

問題：「你有一個最喜愛的海灘或戶外活動場所嗎？脫下鞋子走路有什麼感覺？」、「摸摸濕地毯是什麼感覺？」

眼睛提示練習（列表 A）

◎一組兩人（A-探索者，B-引導者）
◎引導者的任務是提出以下問題：觀察探索者的眼睛並

記錄下來（例如，Vr，Vc，Ar，Ac，K 等）

◎探索者只需要專心回答問題，而可選擇不口頭回答。

◎A 和 B 的整個練習大約需要 15 分鐘。

1.你昨天穿什麼衣服？

2.如果你吸入笑氣，你的聲音會是什麼樣子？

3.你的臥室用粉紅色斑點壁紙看起來會是什麼樣子？

4.當你和自己說話時，你用什麼語調？

5.如果地圖是顛倒的，哪個方向是東北？

6.當你不高興時，誰讓你感覺更好？

7.你的車看起來像什麼。你能形容它嗎？

8.你最喜歡的音樂片段是什麼樣的？

9.跳進冰水池是什麼感覺？

10.向後說出你的名字。

11.你能記得鬧鐘（或電話）的聲音嗎？

12.當你和自己說話時，聲音從哪裡來？

13.用肥皂洗手是什麼感覺？

14.如果這個房間裡的每個人都開始唱歌，聽起來會怎樣？

15.描述一隻貓在雞頭上的樣子。

眼睛提示練習（列表 B）

◎一組兩人（A-探索者，B-引導者）

◎引導者的任務是提出以下問題，觀察探索者的眼睛並記錄下來（例如，Vr，Vc，Ar，Ac，K 等）

◎探索者只需要專心回答問題，可選擇不口頭回答。

◎A 和 B 的整個練習大約需要 15 分鐘。

1. 老虎的身體條紋是如何圍繞著的？

2. 計算以下內容：$5 \times 2 + 7 - 3 = ?$

3. 你能聽到你最好的朋友（或配偶，女朋友）在跟你說話嗎？

4. 你的手機/電話鈴聲聽起來像什麼？

5. 在水下時你的聲音聽起來像什麼？

6. 當你開始步行時，首先向前邁出哪一隻腳？

7. 你如何拼寫你的名字？

8. 想像中刷牙是什麼樣子？

9. 拿著冰塊在你的手掌中有什麼感覺？

10. 如果一杯有水的玻璃杯掉在地上，你會聽到什麼聲音？

11. 你用哪一種方法打開一扇門？

12. 你最好的朋友（或配偶）紫色頭髮會是什麼樣子？

13. 赤腳走在沙灘上是什麼感覺？

14. 當事情出錯時，你對自己說什麼？

15. 描述河馬和長頸鹿之間的交叉繁殖是什麼樣子。

A

1		2		3		4		5	
6		7		8		9		10	
11		12		13		14		15	

B

1		2		3		4		5	
6		7		8		9		10	
11		12		13		14		15	

2.9　狀態管理工具箱－－心錨

（此單元附有 YouTube 錄影）

什麼是心錨（Anchor）？

　　在生活中，我們可能都有以下經驗。在逛街時，傳來一首熟悉的旋律或流行曲，忽然回憶起了一些以往經歷的片段，心情忽然產生了變化。有時候，見到某個血腥暴力的影像/圖畫，立即會憤怒或恐懼。嗅到熟悉的香水味道，會想起之前交往對象。用餐時，吃到兒時的食物，可能會想起照顧自己的媽媽或阿嬤……

　　這些體驗都告訴我們，外在環境發生了某些事情，透過我們的感官（視、聽、觸、嗅、味）會傳遞給我們一個訊號。我們稱這個訊號為外在刺激（Stimulus）。從而引發我們內在狀態（前面說的表象系統）的改變。我們稱這種內在改變為反應（Response）。

　　當一個外在刺激恆常穩定地引發某個特定的反應，那就是說這個感官訊號，連接了某一個內在狀態的呈現。我們將情緒

狀態，比喻尤如大海，一時風平浪靜，一時波濤洶湧，當我們
需要把船，固定在一個位置上，我們就需要下錨。所以我們將
內在情緒狀態和外在環境的訊號的連結，叫做心錨
（Anchor）。

在各種生活情境中，心錨正在有意識或無意識地影響著我
們。

例如，我們為了一個重要的考試或比賽，做了充分的準
備，但在臨場卻因為情緒太緊張，未能發揮自己十足的實力，
結果不如理想，在重要關頭錯失了很多機會。這些情況在高考
或重要體育比賽上，屢見不鮮。

在職場上，當我們面對重要的交易，一想到這場交易的結
果，將會對自己將來的發展有巨大影響時，我們會變得緊張或
心急，太在意結果，反而令我們喪失冷靜，沒能觀察客戶職場
的微妙反應，不能作出正確和洽當的調整和對應動作。當場的
效果不理想，之後又豁然想到應該有更合適的說話或決定，但
可能時機已過。

為了要好好掌控自己的情緒狀態，我們要：

　1.辨認影響不良的心錨，並把這些連結拆毀。
　2.建立良好的心錨，在需要的時候，調整自己到良好的狀
　　態去應付當時處境。

如何建立心錨

　　在這裡分享一次個人的經驗。

　　當我還在跨國的保險集團工作時，在一個盛大的演說會中，我被委派介紹公司推出的新產品。同場的有數千人，當中包括公司的高層，營業團隊的高中階主管。當時是一個類似升高了的舞台設定，負責不同環節的演說者，輪流上台，而強烈的射燈聚焦在演說者身上，而全場的燈光會調暗，好讓參與者能集中關注台上發表的投影片及講者。

　　當時還很年輕，剛進公司不久，就被委派了這樣的重任，算是很幸運的際遇。就在快要到我出場的時候，覺得自己心臟劇烈的跳動，緊張到說不出話來，手也快要顫抖了。想到如果這次表現不佳，可能再也沒有同樣的機會了。可能看見我太緊張，旁邊的一位同事，輕輕拍拍我的肩膀，對我笑一下，跟我說：「放鬆一點，你會做得很好。」腦海裡，當時閃過國小時參加朗誦比賽，也有類似的情景。老師當時也拍著我的肩膊，笑著對我說：「放心，你會做得很好。」那次朗誦比賽我拿到第二名，是當時我念的小學從未有過的佳績。當主持人介紹我出場時，聽到台下的掌聲，我深呼吸數下對自己說：「你不是很喜歡做培訓嗎，這樣的場面將來少不呢！連現在這個環境都不能好好處理，你怎麼能投身這個專業？要走的路還很長」。於是我定下心來，穩步踏上舞台，順利的完成我的演說，得到台下熱烈的回應和之後公司的讚賞。

後來學習了 NLP，回顧當年這一個片段。我才知道，我已經應用了心錨的技巧。那時剛開始因為得失心太重，焦點放在如果失敗了的情景，所以不由自主地過分緊張。可幸的是，旁邊同事輕輕拍拍我的肩膊（身體觸碰是一個信號，連接以前成功的經驗（激發的反應）以致我的狀態和情緒改變為冷靜及有信心。那段自我對話，是另外一個透過言語訊號去激發勇氣及熱情的心錨。因為我常對自己說，我熱愛培訓工作，是我需要全身投入的長遠事業！在這個情景下，我幸運地不自覺疊加上多一個心錨。更重要的是，這次成功的經歷，又再鼓勵我更有信心地投入培訓事業，變成我繼續發展的重要資源（Resource）！

細心分析這個例如，要建立心錨：

1. 對應某個處境（Context），先選擇什麼恰當應對的資源，例如信心、勇氣、平靜、熱情……

2. 回想以往成功經驗或過案，找出相類具有同類資源的例如。這些經驗個案最理想是自己本身的，別人成功的例如也可以，如果找不到用想像的（例如在電影或電視劇中的角色）也可以。

3. 在回想的過程中，當開始進入狀態，強烈的情緒開始湧現時，就發放一個信號。

4. 這個信號可以是五官的任何一種或組合。明顯的例如就是專業運動員，通常在成功得分的時候，會自己大叫一聲，緊握拳頭，或者做一些獨特的身體姿勢。

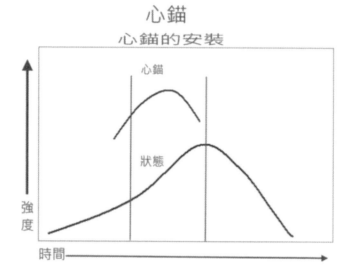

建立心錨,要留意以下幾點:

1.在進入狀態,情緒越強烈越好。

2.但因為情緒不可能長久保持最強的狀態,所以發放訊號
應該在情緒到達巔峰之前(見上圖)。

3.那個訊號一定要有獨特性,如果太普通會出現,效果就
會不理想了。

心錨主要的類別

1.資源狀態心錨(Resource Anchors)——設定與某種特
定的情緒狀態的連結,好能因應情況隨時啟動,如上述

例如。

2. 堆積/重疊心錨（Stacking Anchors）――在同一個位置或訊號中，加上兩個或以上的資源狀態心錨。例如想同時具有自信、放鬆和熱忱。

3. 滑動式心錨（Sliding Anchors）――是一種建立心錨的進階技巧，用以擴大感受，激發更顯著的效果。常見的一種做法，就是在建立觸感的心錨時，在身體上作伸延的滑動。通常再配合「噓……」的一下延長聲音。例如自然狀態心錨是「興奮」，滑動式心錨是「100 倍興奮」。

4. 串連心錨（Chaining Anchors）――順序串連一系列反應狀態的心錨。例如從 1「挫折」，到 2「困惑」，到 3「好奇」，到 4「積極尋求」。一般的運作是，發放 1，在狀態最高點時，觸碰 2，釋放 1；在 2 狀態最高點時，觸碰 3，釋放 2；在 3 狀態最高點時，觸碰 4，釋放 3；觸碰 4 的時間要持續長一些，以保證點調在資源狀態中的穩定。

5. 空間心錨（Spatial Anchor）――在場所的某一固定點，附上資源的記號或標籤，方便引入狀態。例如，在培訓時，講師可以藉著不同的站位，扮演不同角色（舉例：在講台的左邊是演說的角色；在講台右邊是發問的角色；走下講台是觀察者的角色）。

化解心錨（Collapse Anchor）

倘若我們發現了一些不自覺地被建立了的心錨。就我個人的例如，以前當我看見男生化妝，我會覺得很不自在，甚至流露出厭惡的表情。其實我也明白，愛打扮不只是女士的專利，但我就是不由自主的厭惡。但在進行培訓的過程中，我會接觸到不同類型的學員或參與者，嚴格的說，他們是我的顧客，如果表露厭惡的表情，會對我的培訓效果和與學員互動的關係有損害。所以我們要學會如何化解。

其實方法很簡單，只要先建立一個相反向的心錨（在以上的例如是，尊重及欣賞的心錨），然後同時引發這兩個相反向的心錨，以作對沖抵銷。完成過程之後，可以立刻試驗效果。

化解心錨的關鍵，在於所用對沖的心錨，能否帶出更為強烈的情緒狀態。如果效果不理想，就再次加強對沖心錨的情緒強度，直至感覺不到那個不理想的情緒連結。在以上的例如是，我見到化妝的男生，我不會再有負面或憎嫌的感覺。

建立心錨需要很多練習，這裡篇幅所限，不能詳細描述。因為心錨和個人的情緒狀態感覺有關，所以實際的體驗至關重要，在這裡建議大家參加 NLP 的工作坊，多作探索了解及體會。

總結

不管在生活或職場上，我們都有很多自覺或不自覺的連

結，串連著外在的刺激和自我的反應。

為了避免不良的結果，或達到我們任務的效果，我們都需要有意識地掌控自己的狀態。所以建立不同的資源狀態心錨，和化解對自己不利的心錨，對我們的生活很重要。

下面我們介紹一些關於心錨的練習。

2.10　心錨狀態引出腳本

　　心錨的最佳狀態是自然發生的狀態。次佳的是過去的、生動的、高度關聯的狀態，最不推薦的是假裝的狀態。

　　還記得你＿＿＿＿＿＿＿的時候嗎？

　　還記得一個特定的時間嗎？

　　當您現在回到那個時間……回到那個時間，飄入你的身體，看看你所看到的，聽到你所聽到的，並真正感受到完全的＿＿＿＿＿＿＿感覺。

　　看對方的反應，跟上圖的反應，這時就可幫當事者設心錨。

練習：建立「資源」狀態心錨

每組人數：2-5-分別為 A、B、C/指導者、探索者、觀察者。

建議練習時間：每人 10-15 分

步驟一：選擇一個你願意經常感受的資源狀態（如：自信）。

　　　　找出一個你可以完全體驗那個狀態的時間。

步驟二：再次體驗那個經驗，並充分的結合。看著自己的眼睛，聽著自己的耳朵，感受身體的感覺。

當你完成自己的清單，停止回想那個經驗、中斷那個狀態。

步驟三：選擇一個獨特的自我心錨。找出你上半身容易觸碰、但在日常互動中不會經常觸碰的部位。比如，你的手掌、肩膀、甚至臉頰在日常生活的自然過程中經常被自己或他人觸碰。因此，他們不夠獨特不能觸發有效、持久的心錨。另一方面，你的耳垂、無名指的關節、食指和中指之間的皮膚就是能夠提供獨特刺激的區域，不會受到更多隨意接觸的「污染」。

步驟四：開始重新進入資源經驗。當你感覺狀態要達到最大強度時，觸碰或擠壓你剛才選擇的、作為心錨的部位。調整觸碰和擠壓的力量，以契合你資源狀態感覺的強度。

完成上述進程後的幾秒中內，停止回想那個經歷，中斷那個狀態。

步驟五：重複「步驟四」幾次。每次都通過增強同狀態結合的次感元提高資源狀態的的經驗，包括所有的表像通道（視力、聲音、感覺、移動、嗅覺和味覺）。

步驟六：清除所有的思想，只是觸碰或擠壓自我心錨的位置，以測試你的心錨。你資源狀態的結合經驗應該在無意識作用的情況下自發產生。重複步驟四和步驟五直到

你能輕鬆進入資源狀態為止。

步驟七：找出更多的、你願意進入的狀態。想像自己在那個情
境中，觸碰自我心錨以創達自動結合。

　做這個練習時，注意這一些線索和特徵，他們能讓你區分
你正在進入的表像系統和你正在創造的狀態。

　你還可以用這個方法為其他狀態或經驗建立心錨，如放
鬆、創造力和動機等等。在某種程度上，這個過程的模式通過
所有的生物回饋表現出來：當進入這個狀態，就會通過特定的
刺激得到回饋——在某些情況下是通過手緊握的程度（K^e），
在其他生物回饋過程中是通過音調（A^e），或者燈光的顏色和
強弱以及上手臂的位置（V^e）。過一會兒，回饋刺激和目標狀
態相互結合（刺激成為狀態的心錨），因此只有回饋刺激的呈
現為目標狀態的發展建立心錨。

2.10.1-心錨的化解之練習

每組人數：3 人

建議練習時間：每人 15-25 分鐘

1. 指導者請探索者回想某次覺得非常有資源、創造力與信
心的情境或事件以觸覺方式設下心錨。如設在左膝蓋。
2. 測試此心錨，在測試此心錨有效與否之前，先使探索者
中斷狀態，如沒成功，可再重設。

3. 指導者請探索者回憶某一不很有資源的情境，以觸覺方式設心錨，如設在右膝蓋。

4. 中斷狀態，測試此心錨。

5. 同時觸發兩個心錨以化解之，觀察整合而產生的第三種經驗感官線索。指導者要保持住那兩個心錨，直到探索者穩定狀態才離開。

6. 測試右膝蓋心錨，若為第三種經驗感官線索，表示成功。若仍有一不很有資源的狀態，則回步驟 1 檢視。重新進行。

7. 角色互換，未來模擬，交換心得。

2.11 堆積心錨狀態

　　堆積心錨會引發多個狀態實例，並將它們設定在同一位置。為特定的堆積心錨選擇的狀態可以相同或不同。（在資源心錨和化解心錨中，堆積的狀態應不同。在串聯心錨中，用於每個堆積心錨的狀態應相同。）

- 感覺強大的時候。
- 感到被愛的時代。
- 真正感覺自己可以擁有想要的東西的時候，擁有所有東西的時候。
- 感到精力充沛，精力充沛的時期。
- 跌倒的時候。
- 充滿自信的時期。

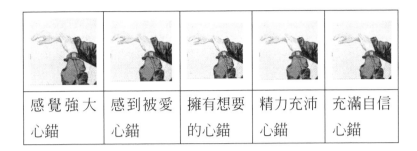

感覺強大心錨	感到被愛心錨	擁有想要的心錨	精力充沛心錨	充滿自信心錨

正能量全部堆積在一個心錨點上。

2.12　滑動式的心錨

請回想一件
你已經作得
很好的事

1.請探索者回想起某一豐富資源的狀態	2.探索者進入情況時，設在手上

再想一件你
很好的經驗

3.另一個豐富資源經驗設心錨在另一隻手上	4.中斷

我現在同時啟動這2個心錨…

| 5.整合兩個心錨成一項新的強力的資源 | 6.激發第一個心錨，並觀察其反應 |

練習：進階的滑動式的心錨

每組人數：3 人　建議練習時間：每人 15-20 分鐘

1.指導者請探索者回想起某一相對很好，豐富資源的狀態：

「請回想一件你作得很好的事，在那事件中，你是資源豐富的，而自己希望能更好、豐富的資源」

2.進入那狀態後，設心錨。指導者測度探索者進入情況時，以觸覺心錨設在探索者手上

3.再請探索者找出另一個經驗豐富的資源經驗，當探索者進入情況後，指導者再以觸覺心錨，設在探索者的另一手上

4.中斷狀態。

5.整合狀態；指導者對探索者一面說，一面激發上述兩項心錨：

「請將這項資源（激發第一個心錨）與另一資源（激

發另一個心錨）整合，變成一項新的強力的資源，現在開始」，觀察要有新的狀態才是，否則重回步驟 1。

6.中斷狀態

7.指導者激發探索者的第一個心錨，並觀察其反應，假如得到原來的反應，而不是新整合後的反應，則再重回步驟 1，重新一次，或挑選一新的資源狀態重來之。

8.未來模擬

9.角色互換，重述上述步。

10.交換心得

2.13 串連心錨（Chaining）

「串連」包括以一定的順序做出一系列反應的能力。以特定的順序學習。串連是——回想和遵循一套連續步驟的能力，這個步驟通向目標。

通常來說，一個人很難跨越當前狀態和期望狀態之間的間隙。串連包括在挫敗狀態和激勵狀態之間建立兩、三個中間步驟或狀態。

最有效的串連是從問題狀態逐漸引導至期望狀態的。

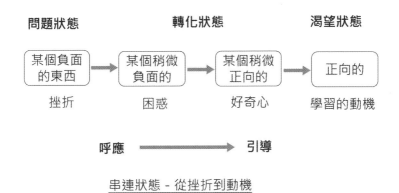

串連狀態 - 從挫折到動機

串連之連續狀態某種程度的重疊

串連心錨鏈的其他實例：

失望→順從→接受→好奇心

恐懼→擔心→期望→準備好

NLP「串連心錨」的技巧使用了觸覺建立心錨的方法。在這種情況下，身體某部分上相鄰的點可以當作連續狀態的位置。例如：

心錨＃1——手腕、食指指關節：問題狀態（消極）。
心錨＃2——前臂、中指指關節：有點消極的某事。
心錨＃3——上臂、無名指指關節：有點積極的某事。
心錨＃4——肩膀、尾指指關節：資源狀態（積極）。

為了串連上每個狀態，心錨得以建立和測試。然後，心錨

按照適當的順序「釋放」以建立從當前狀態到期望狀態的律動。建立心錨的串連過程中，前一個心錨馬上到達最高強度時才能觸發下一個心錨。這樣的話，前一個心錨自己也會成為下一個心錨的線索或觸發器。通常情況下，前一個狀態的心錨要一直保持到新心錨被釋放後的一、兩秒鐘，這樣才能有助於建立它們之間的結合。為了保證個人牢固的進入了期望狀態，串連中的最後一個心錨被「釋放」後，它持續的時間應該比其他心錨更長。

因此，建立心錨鏈條時緊接下來的特定順序應該是：

1. 觸碰心錨＃1（手腕）。
2. 消極狀態（挫折）即將達到最高點時，觸碰心錨＃2（前臂）。
3. 釋放心錨＃1（手腕）。
4. 有點消極的狀態（困惑）即將達到最高點時，觸碰心錨＃3（上臂）。
5. 釋放心錨＃2（前臂）。
6. 有點積極的狀態（好奇心）即將到達最高點時，觸碰心錨＃4（肩膀）。
7. 釋放心錨＃3（上臂）。
8. 為了保證鏈條在資源狀態中的穩定，心錨＃4的持續時間要比其他心錨的時間更長。

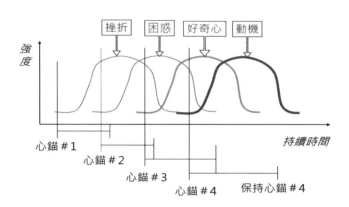

建立心錨串連

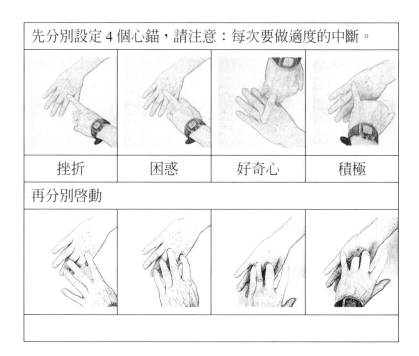

先分別設定 4 個心錨，請注意：每次要做適度的中斷。

挫折	困惑	好奇心	積極

再分別啟動

測試	

先分別設定 4 個心錨，然後啟動**挫折**心錨，第一個心錨啟動好了之後，再啟動第二個**困惑**心錨，第一個心錨就可放開。當第二個心錨**困惑**啟動時，確定看到感官證據，再來啟動第三個心錨，第三個心錨開始啟動後，手放開當第二個心錨，然後同樣的啟動第四個心錨，就可放開第三個心錨，這時時間要稍為久些，然後做測試。

測試；啟動第一個心錨，看是否有第四個心錨的反應，若有就對了。

2.13.1-串連心錨練習：

每組人數：2 人/指導者、探索者 建議練習時間：每人 20 分鐘

1.想出一個你學的很好的事物，並找出同那個經驗相關的關鍵狀態。例如：

    a.覺察

    b.好奇心

    c.探索

d.發現

  e.試驗

  f.描述

2.創造幾個連續的空間位置,代表你學習鏈的狀態或步
  驟。它們可以作為創造鏈的「空間心錨」。

3.結合學習鏈的每個位置,充分體驗每個狀態。(可以使
  用身心互動技巧提高狀態的深度和強度。)

4.找出你感到學習困難的某事物。把這個經驗緊記於心,
  在你的學習鏈上一步一步移動。

| 覺察 | 好奇心 | 探索 | 發現 | 試驗 | 描述 |

三　語言

3-1　轉換模式 Meta Model

為什麼 Meta-Model 叫轉換模式

在開始講 Meta-Model 之前，先跟各位談在台灣的中文翻譯。有很多人把它叫做後設模式，在香港叫做精準模式或檢定語言模式。「Meta」這個字英文字典的解釋是超越，「Meta」源自希臘文，meta＝beyond，是超越的意思。基本上 meta 在 NLP 裡面的應用都是從一個狀態轉換到另外一個狀態的意思，所以在這裡我都把它叫做轉換。語言通常在中文都是相對的，譬如說有前就會有後，如果有「後設」，那麼什麼是「前設」呢？ Meta-Model 在 NLP 裡是為了要讓你從一個狀態轉換到另外一個狀態，所以**我喜歡把他叫做轉換模式**。

約翰・葛瑞德跟理察・班德勒他們第一本書 *The Structure of Magic Vol. I & II*（1975, 1976），就是探討轉換模式，轉換模式由語言學家約翰・葛瑞德與理察・班德勒在 1975 年開發來作為確認並回應在治療環境中人們談話的問題模式的方法。包含一連串可確認不同語言溝通領域中易受含糊語彙的影響，

而產生限制、混淆與溝通不良的範疇。它也提供可用以幫助具體指明、豐富化或闡明語言曖昧、挑戰或轉換潛能限制的問題或題組。然而，轉換模式型式的確認與問題回應的應用並非限於治療上，當它應用於任何解決問題的類型時，也能提供思想與言語結構的真實洞察力。

轉換模式的基本原則為「地圖不等於疆域」的概念。也就是說，我們用大腦及語言所組成周遭世界的模式並非世界本身，而是世界的表象。轉換模式主張我們的心理與語言表象受到三個基本問題領域的限制：**一般化、刪除與扭曲**。

一般化：一般化的能力對於我們處理這世界是不可或缺的……一般化的相同過程可導引一個人建立像是「不表達任何感覺」的規則。

刪除：是我們選擇性地關注經驗的某方面而杜絕其他方面的過程。例如，人們必須在滿房的人中濾除或杜絕所有其他的聲音，以聽見特定人士的聲音……刪除將世界縮小至我們能處理的比例。這類縮小在某些情境中很有用，但也成為我們在其他情境中痛苦的源頭。

扭曲：是讓我們在感官資料的經驗中轉換的過程。譬如，幻想讓我們為尚未發生的經驗做好準備…同樣地，所有優秀的小說、所有革命性的科學發明都牽涉到扭曲與錯誤表象當下現

實的能力。

語言中的這些過程發生於深層結構與表層結構的轉換之間。

轉換模式的功能在透過「語法」分析或表層結構的形式，來確認問題的一般化、刪除或扭曲，並提供一個探索系統以達成更加豐富的深層結構表象。

轉換模式的自然分類

在班德勒和葛瑞德所著的第一本書 *The Structure of Magic Vol.1* 中，定義出 12 種基本「句法」種類，在語言描述與溝通中代表普遍的問題領域。而不同的類型則歸為三個領域。

（1）資訊蒐集模式：主要涉及有關失落的連結的回復，與關於語言描述或溝通的關鍵細節。

（2）設定與確認的限制模式：指定義下的語言範疇與人們在本身行為或對方行動上所安置（或假定）的界線或限制的語言有關。

（3）語義的「不完善設定」模式：則與人們判斷並定義行為與事件的過程有關。

1.資訊蒐集

a.刪除（Deletion）

許多宣告可豐富化甚至改變宣告的意義的個人、目標或關係，皆自語言表層結構上省略或刪除。例如，在下述宣告中「爲了國防目的，我們必須增加防禦開銷」，有許多事物從表層結構上刪除了：特別在哪方面的防禦開銷？特別要保護何人？由誰執行之？增加防禦什麼開銷？而「防禦開銷」與「國防」的確切關係爲何？在表層結構中找出刪除處常能確認尚未適當定義的領域。

b.非限定參考指標（Unspecified Referential Index）

許多宣告中的參考指標（宣告中意指的個體、群眾或目標）是非限定或不明確的。譬如，在下述宣告中「那些 XX 人毫不尊重生命」，生命中所明確指出的 XX 人是非限定的。在這種扭曲類型中，一些人的行爲可能會與整個群體或文化的行爲產生混淆。在講者或聽者的模式中所談及的此說法，具有妖魔化群眾的傾向。其他一些非限定參考指標的實例包括像是「人類基本上是自我中心的」；「他們負起中東問題的責任」；「資本主義者只關心金錢」；「XX 試圖掌控世界」等說法。

c.非限定動詞（Unspecified Verbs）

特定的行為模式並非總是由宣告中所使用的動詞所暗示。譬如，「我們需 XX 飛彈來維持和平」的說法並沒有明確指出 XX 飛彈要如何維持和平，這樣的宣告在做決定前就先確認已定義的特定行為模式是關鍵性的重點。

d.名詞化（Nominalizations）

此為活動或進行中狀態或關係（如動詞或副詞）被表達為受詞或名詞之處。譬如像是說「我們為了真理、正義、自由而戰」遠比「我們為了金錢而戰」要來得含糊許多。名詞化典型上是藉著作為名詞用途，而已進一步扭曲的非限定動詞。典型處理名詞化的方式在將之還原成動詞，接著恢復刪除處。比方說「誰在某方面是真實對待某人，特別是以何種方式待之？」

2.設定與確認的限制

a.概括性字眼（Universal Quantifiers）：

典型上比如「所有、每個、永不、總是、唯一、每個人、每件事」等為特徵，概括性字眼遍及以一些個案中所觀察到的歸納行為與關係來象徵所有此類個案。

例如：「發展強大的經濟才是唯一能富裕的方式」。這樣的說法典型上會藉由找出與說法主張相反的實例而遭受質疑。

b.操作語態（Modal Operators）

操作語態為像是「應該、不應該、必須、不能、必要的、不可能的」等字眼，在其中陳述藉著聲稱關於可能、不可能、必要、或不必要的事物來定義其限制。例如，「除了透過 AA，你無法經由其他方式與 XX 人溝通」的陳述即為一種可能精確，也可能不精確的限制。典型來質疑操作語態的方法是提出像是「什麼阻止了你？」、「假如你能做到，會發生什麼事？」、「為達成目標，你需要些什麼？」等問題。操作語態常常被假設或認定為現存限制。
「我們不應該浪費時間在開拓空間上」。

3.語義的不完善設定（Semantic Ill-formedness）
a.複合性相等（Complex Equivalence）

或許更精確的定義為「過分單純對等」，這種違背發生在兩個經驗變得緊密相繫時，以致在講者的表層結構上成為對等。譬如，在「上個月汽車銷售量再度下滑，我們的經濟必是一場災難」的陳述，講者暗示「汽車銷售量的下滑」等於「經濟災難」。

b.假設前提（Presuppositions）

假設前提發生於假定必須為真以理解表層結構。為理解此陳述「當 XX 停止嘗試破壞我們對和平的努力時，我們將能展開協商」你必須假定 XX 已實際地嘗試破壞對和平的努力。

正如複合性相等一般，我們常可藉著提出「你是怎麼明確地知道的？」問題來質疑假設前提。

c.因果關係（Cause-Effect）

這些是在兩個經驗之間明確地或暗示性地意指因果關係的陳述。再次地，此關係也許是精確的，也許不是精確的。在「迅速且有力地行動將使他們尊重我們」的陳述中，只是此行動是如何具體地讓那些人尊重講話者並不明確。它也許只是簡單地造成相對效果。

同樣地，「假如我們不站穩這個位置，他們將把我們當成傻瓜耍」。有人會問「他們要怎麼具體地將我們當傻瓜耍？」

d.讀心術（Mind-Reading）

在這陳述中，講話者要求了解另一個體或群體所感覺、意指或思考的事物。如「我知道他討厭我」的

陳述；

e.錯失效能（Lost-Performative）

　　像是「正確、錯誤、好的、壞的、合理的」等評估的字眼。這種字眼常會變得武斷或模棱兩可，勝過其實際的用途。開始將其自己的世界表象與世界本身混淆。對於錯失效能的回應可詢問「根據何者得到的？」、「根據什麼準則才發現其壞處？」或「和何者比較是最好的？」

　　下頁的表格總結了基本轉換模式的形式與提出的對應問題，目的在探討在位於其下的深層結構。深思轉換模式的不同形式，很明顯的範圍中有超過一個可同時應用於特定文字或字群中。有些字甚至能代表含糊的幾個領域。同樣地，任何特定陳述常包含超過一個的轉換模式形式。

　　轉換模式中一般化、刪除、扭曲，造成很多人的信念來源的問題。在我諮詢的過程，會發現很多人都會因一般化、刪除、扭曲而隱藏了問題，舉例：

　　A：我很沒用、我是失敗者、沒用、情緒不穩⋯⋯

　　假如碰到這樣子的時候要怎麼辦？其實很簡單，首先，要把他們帶離開那裡。所以你要說的是你哪裡失敗了？做什麼失敗？而最好的方式就是把他們帶到他們要去的地方。你可以問：你覺得如何做可以變成成功者？

　　但是我發覺很多人都不會到這個層次，因為你跟他這樣子說，他只會覺得你像是另一個講道的老師。對他來說，他不相信他可以做的到或根本不想聽。你要先做的事是帶他們離開那裡，這可能是他們願意聽的。

　　轉換模式美國在 1985 年曾跟醫院合作，發現會用轉換模式的醫護人員平均讓相關病人縮短 20%-25%的住院時間。

　　有一次，一個人來找我，說了這樣的話：
　　「我很煩」我問說：「你想要什麼？」
　　「我很煩呢！」問：「那你想要什麼呢？」
　　「正因為搞不清楚我想要什麼，我才很煩呢！」
　　問：「哦，你是說，你想要不煩，對嗎？」
　　他愣了一下說：「哦，應該是的」
　　這個就是最簡單的應用。

META MODEL 簡單版

　　專有名詞　範例

一、刪除/資料搜集不清		化解
名詞 靜態化	愛、自由、憤怒、痛苦、關係、知識、精神分裂症、安和樂利的社會、明天會更好	誰的關愛？ 如何好？ 明天是那一天？ 如何關愛？

	「我得不到眞正想要的關愛」	
代名詞不明	他們、這個、那個、這些、我們、他 「他們討厭我」	「他們是誰？」
名詞不清	人、男人、婦女、囚犯、運動選手 「男人都是負心漢」	「孔子也是嗎？」 找出例外
動詞不清	傷害、表現、示範、關懷、騷擾 「他們傷害我」	如何傷害？
刪除	他們很生氣	他們是誰？

二、一般化/認知　「地圖」的限制		
普遍化的用語	所有的、每一個、總是、都、沒有人 「所有的男人都是自私的」	揭露出反例 影響及結果 「假如他們聽了會有什麼事嗎？」 有例外嗎？
沒有選擇餘地的用語	必須、應該、不能、不可能、不應該、一定要、得 我一定要……	揭露影響結果及原因 「假如你沒這樣子，會發生什麼事？」

	「我不可能當上總經理」	

三、扭曲（語意組成不佳）		
因果關係	他使我覺得很難過 只要他相信我，我就可以做到…… 如果我不幫助他，會心中不安……	恢復選擇性 「XXX 是如何讓你生氣？」 反例 「這是如何具體地生效的？」
揣測他人心意	他以為我們無法如團隊般去工作 我知道他不在乎…… 她知道應該如何做…… 他根本就沒有興趣…… 你自己知道……	將資訊的來源恢復 「你怎麼知道？」
省略評斷者	這樣做是不對的 那是一件常識的事…… 這樣子不好、天行健…… 早起的鳥兒有蟲吃	恢復信念的來源 「誰說這樣是錯的？」 「依據誰說的？」 「你如何知道這是錯的？」

3.1.1-轉換模式練習

一般化

下列請填入直覺的答案，例如：

我是個失敗者

日本人　很小心_____

日本人_____
美國人_____
中國人_____
蘇俄人_____
法國人_____
我是_____人

這是你平常會碰到的一般化。

練習：轉換 Meta 模式 － 抓鬼練習

這是 NLP 最典型的練習之一。

每組人數：3-5 人

練習時間：每人 5-10 分鐘

這項練習是設計來讓你可以辨別出別人話中的轉換模式，並化解。

1--一般化，2--刪除，3--扭曲

1.3 人一組，排成指導者 A、探索者、指導者 B 爲一排，其他人當觀察者兼指導者，在探索者前後各一指導者。

2. 指導者 A 與探索者聊天（某選定議題），在探索者後面的指導者 B 對前面指導者 A 比 1.2.3 訊號，前指導者 A 就訊號指示講該相關 Meta model 語言，探索者需就是什麼 Meta model 答出並提出化解才算對。

3. 探索者連續答對 5 次方算完成，然後交換。

例如：

當在後面的人舉 1 時，

在前面的人就講：「所有的男人都是負心漢」

在中間的探索者就說是一般化，然後就開始化解，譬如說孔子也是負心漢嗎？

在英語系國家可試看看

練習：「轉換模仿」練習 － 實例

下列練習透過個人有意識地將轉換模式應用爲自我分析與探索的工具提供一個辦法。

第一行寫下描述你想分析或探索的問題、目標或情況的句子。仔細檢查描述的文字並以某方式圈出、強調或記下關鍵

字。利用先前所提供的表格，確認每個關鍵字所屬的轉換模式種類。可利用下面提供的縮寫來標出特定關鍵字或片語所屬的種類。

UV ＝ 非限定動詞　　CD ＝ 比較性刪除

N 　＝ 名詞化　　UN ＝ 非限定名詞

D 　＝ 刪除 MO ＝ 操作語態

CE ＝ 因果 UQ ＝ 概括性字眼

MR ＝ 讀心術　　LP ＝ 錯失效能

　　對每行中所做下記號的字於句子下方寫下適當對應的「轉換模式」問題。靠直覺挑選出最重要的探索問題，並在下一行寫下你的答案。重複每個新句的過程，直到你已寫滿每一行為止。下頁將提供實例。

　　1.議題：<u>我想要更輕鬆</u> CD <u>地表達</u> UV <u>自我</u>。

　　問題：如何具體地表達我自己？特別是比何人或何事物更輕鬆地表達？

　　2.<u>與其他人</u> UN <u>溝通</u> UV <u>我的意見</u> UN。

　　問題：如何具體地溝通？特別是何種意見？特別是和其他哪些人呢？

　　3.<u>將它們寫</u> UV <u>成文章</u> UN <u>或書就像知道自己能</u> MO <u>做到</u>
　　　<u>一般</u>。

　　問題：要怎麼具體地書寫？特別是何種文章或書？有何阻礙了你？

4.<u>我變得太</u> CD <u>自我挑剔</u> UV <u>而變得故步自封</u> UV<u>。</u>

問題：與何人或何事物比較下的過於挑剔？如何具體地挑剔？又如何具體地故步自封？

5.<u>我開始感覺</u> UV <u>我的工作</u> N <u>不夠好</u> CD LP<u>。</u>

問題：如何具體地感覺到？你目前正以何方式從事何事？對誰來說才是夠好？根據誰或何準則才是好？與何事物比較下才夠好？

有些可以參考的問題，例如：

例如：那些人要增加經費，令我生氣。

是誰要增加經費？如何生氣？

爭吵後，他們總是要道歉。

我主管使我覺得自己無能。

我相信自己有一天會找到真理。

他們一定知道準時多重要。

我知道你認為我不可以得到成功。

<u>傾聽心中關於我所寫之事物的負面評論。</u>

知覺特定用語跟連接詞練習

這練習本屬於表象系統範圍，但筆者喜歡跟轉換模式做相對照，分別為視、聽、觸覺語言模式練習，學習在各不同感官語言模式的互動線索，讀取探索者反應的線索，觀察探索者的感官線索，練習解讀線索。

每組人數：4-5 人；分飾 A、B、C、D、E

練習時間：每人 20 分鐘

1.組員 A 使用一視覺用語來產生一句子並加入一個。例如：

「我<u>看</u>見你了；而且……」（用手指著下一位組員）。

組員 B 利用一視覺用語來完成句子（契合著表象系）例如……

「你的氣色看起來眞好當你……」（用手指著下一位組員）

　　循環過所有的團員，利用聽覺用語來重複這個循環，接著利用聽覺特定用語來重複這個循環。

2.組員 C 利用兩個在不同表象系統中的知覺用語和兩個連接詞來產生兩個句子；例如…
我看見一隻老虎並且聽到牠大吼，當時……
利用不同的知覺用語來循環過所有的團員。

3.組員 D 利用三個在不同表象系統中的知覺用語和三個連接詞來產生三個句子，例如……
　我看見一隻老虎並且聽到牠大吼，當時我感到害怕，因爲…

　Note：必須要注意下一個接手的組員不能重複講先前的連接詞並且要用不同的表象系統將句子持續地接下去。

4.組員 A 造句；表象系統知覺用語、連接詞的句子造出三個句子。組員 B 契合著組員 A 的說話速度並將句子接下去，接著組員 B 改變自己的速度並繼續去利用不同的表象系統和連接詞來造出三個句子。

循環過所有的團員。

提示：使用 META 模型是非常重要的
1.保持友好、幽默
2.用柔和的聲調和溫和的說話速度
3.集中注意力不要匆忙。花點時間不浪費時間，在指導下放鬆。
4.使用「軟化劑」引發問題，例如：
‧我懷疑是否 …
‧你能告訴我嗎 …
‧我很好奇
5.不時重複他們的話 - 他們必須是確切的 - 他們的確切的話。
6.如果不知道從哪裡開始，給他們一個「提示」，但只有滿足以下條件時：
‧開始說話之前有很長的延遲。
‧非語言行為表明他們不知下一步要說什麼。
‧似乎陷入了混亂狀態

3.2 語言在意識上的使用

在語言使用上，我們開始要跟你聊一聊如何在語言做往上跟往下歸類並且如何來談隱喻，就是講故事。NLP 的觀點都在強調--改變觀點。

語言部分的理想結果是所有參與者都能夠成功地使用語言來使用語言產生他們想要的結果。

1.思想層級

向下歸類（Chunking Down）：仔細明確，由一般性的案例移向較具體的個案……轉換模式 META 模式。

你指的是什麼？你的話是什麼意思！

向上歸類（Chunking Up）：從具體的例如移向比較一般性的例如。即使用一些比較包容及模糊的語言，讓聽者可以去找出就那話而言，適合他個人的意義。就是「米爾頓模式」。

還有什麼嗎？

橫向歸類：即以一個經驗與另一個經驗比較，並以之產生

解釋，暗示或揭示⋯⋯隱喻或故事。

2.語言假設

3.重新框架
(1) 內容重整
(2) 意義重整

接下來我們會慢慢的一個一個跟你介紹。

3.3 語言從屬等級——歸類（Chunking）

說話誰不會？打屁聊天誰不會？

　　假如只是打屁聊天，怎麼說都行。但假如是個人諮商溝通、情緒管理、教練、諮詢、治療、講課……那就不一樣了。

　　學習如何使用語言，是非常重要的，因為它是在你自發的意識中產生你真正想要的反應。更有效地使用語言以產生期望的結果。

　　思想的層級的語言體係都是從抽象到具體。就像願景，在NLP中，這種語言的使用被稱為「向上歸類」，並且提出的問題包括：「這是什麼？……」，「為了什麼企圖……？」或「你的意思是什麼……？」。

　　抽象或模糊的語言就是要了解一個想法或情況的全貌。

　　具體或詳細的語言被稱為「向下歸類」。常見的問題包括：「這是……的例如」，還是「具體是……」？例如，如果你在某種情況下感到不知所措，可以問自己「具體是什麼讓

我……感到不知所措？」將幫助你找到一個辦法來解決這不堪重負的問題。

通過使用思想的層次結構，向上歸類（模糊或抽象）或向下歸類（特定）將幫助您使用能產生想要的結果或結果的語言。通過使用抽像到特定的語言將使您能夠使用這些來呼應/映現語言，並在任何特定情況下更有效地進行交流。

在 NLP 中，「歸類」是指重新組織某些經驗，或者把他們分解成更大或更小的部分。「向上歸類」（chunking up）包括向更大、更一般化、更抽象的資訊層次移動——例如，把汽車、火車、船和飛機歸類為「運輸形式」。「向下歸類」（chunking down）包括向更特殊、更具體的資訊層次移動——例如，「車」可以被向下歸類為「輪胎」，「引擎」，「剎車系統」，「傳動裝置」等等。「橫向歸類」（chunking laterally）包括找出處於同一個資訊層次的其他實例——例如，「開車」可以被比作「騎馬」，「騎腳踏車」或「行船」。

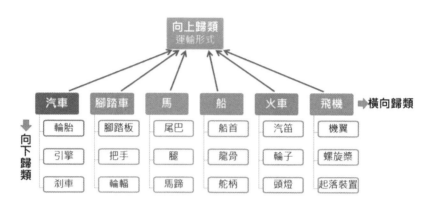

"歸類" 包括在一般化和具體化之間移動注意力的能力

伴隨著 NLP 特性，擁有自由移動某人注意力的彈性是非常重要的。如同美國俚語常說的一樣；「用鼠或鷹的眼睛觀察。」

向下歸類

向下歸類是一個基本的 NLP 程序，它包括把特定的情境或經驗分解成其組成部分。例如，一個看似無法解決的問題可以被向下歸類為一系列更小的、更容易管理的問題。例如問到：「你怎樣吃下一整個西瓜？」其答案就是向下歸類的實例：「一次吃一口。」這個隱喻可以運用於任何類型的情境或經驗。一個非常雄偉的目標，如「從新的事業開始」，可以被向下歸類為子目標，如「開發一個產品」、「找到潛在客

戶」、「選擇團隊成員」「建立商業計畫」、「尋找創投」等
等。

「具體是什麼……？」是典型的向下歸類。

可以重複有效的提問，挑戰束縛對方的信念，幫助對方增
強信念。

向上歸類

是把一個陳述或判斷的要素概括為更大的分類，創造出對
其所表達含義的嶄新的更為豐富的理解。向上歸類引導我們重
新考慮總結或判斷的含義。

讓我們走出問題框架，從新的觀點審視我們的用意和假
設。

試著在講話的時候，可以練習看看有的時候往下歸類，有
的時候往上歸類，會得到非常好的效果。

例如：

「這是什麼？」向下

「出於什麼 … ？」。向下

「你的意圖是什麼……？往上

讓當事人進入恍神～較大圖像---找更上一層的認同。

抽象----像米爾頓模式

壓倒性的結構：太大的歸類

在調解、談判中幫助對方拓展視野，接收更多元化以達成
協議。

橫向歸類（找出比喻）

橫向歸類的特點是尋找隱喻或比喻。找到與總結或判斷所
界定的相類似的關係，這給我們以新的視角來看待該總結或判
斷的含義。

比喻，會讓我們豐富對某種總結或判斷的觀點，以發現和
評估我們的假設是否需要修正。也幫我們從問題框架轉向結果
框架或回饋框架。

橫向歸類是要找出激發新的想法和觀點的比喻。

橫向歸類是解決問題/選擇；例如：「另一個是什麼，例
如這個／那個？」

3.3-1 **歸類練習**

每組人數：3 人/組，指導者、探索者、Meta。
建議練習時間：每人 5-10 分鐘
練習重點：向上歸類、向下歸類、橫向歸類之分別

1.探索者對某主題做一個簡短的陳述，具體又明確的。
2.Meta 者站在探索者身後，以手勢對指導者指示做向

上、向下或橫向歸類。

3.指導者依指示,做一個對剛才簡短陳述的向上、向下或橫向歸類的陳述。

4.探索者要能馬上分辨出是那一種歸類,如對了,就再重覆 2-4 之步驟,直到指導者及探索者,皆做對 5 次為止。

向上歸類－向下歸類練習

建議練習時間:每人 10 分鐘

1.分別扮演指導者、探索者對下列主題做向上歸類——向下歸類

A.「台積電股價太貴了」

B.「沒有球場宰制力」

2.讓探索者做向上歸類——向下歸類看會何結果,向上歸類跟向下歸類何者較佳。

看能不能找出一些新形式,具有比原來的標籤有更豐富、更積極的意義;或能激發對原標籤完全不同的觀點。

例如:台積電股價太貴了

向下:跟什麼比呢?

向上:假如以投資 10 年 20 年來看呢?

另外給的例如：這車太貴了

向下：

1.和什麼牌子比較？

2.這車什麼的設計組件／特別功能，令車價錢提高了？

向上：1. 購入車子是你主要考慮的條件和因素（安全/外型拉風／擁有車的成就感／保養年限……）是什麼？

橫向歸類－練習

建議講解大綱：探討橫向歸類會造成何種差異、結果

建議練習時間：每人 15-20 分鐘

1.分別扮演指導者、探索者對下列主題做橫向歸類

A. 「謙卑有禮」

B.「沒有吸引力」

用……**就像**……、試試，感覺會有何改變。

例如：

謙卑有禮就像領導者一樣，令人喜愛。

沒有吸引力就像吸引不了貓一樣啊。

橫向：浪費

例如：

浪費就像是一種浪漫的旅行一樣

同樣是吃意大利麵，在路邊小餐廳吃很便宜，爲什麼有人會在五星級飯店的餐廳吃？在頂級飯店用飯，我們買的是環境、氣氛、名廚的廚藝、貴賓式的服務，當然亦包括有能力來消費的社會地位象徵。

最重要的是，和女朋友/老婆在頂級餐廳用餐，是表達自己有足夠的能力讓她過安逸及有品味的生活！

開什麼車，決定了我們是什麼的社會階層身份……

多給一個橫向比喻的例如：

甲：失敗了！

乙：失敗了就像是在累積經驗

只是在累積經驗，期待踏出關鍵的一步。試想想，當日新冠肺炎 COVID-19 出現，要試驗多久；出現多少不能達到效果的實驗結果，最後才能讓一隻有效的疫苗成功出現？

我們要達成的任務，正因爲實在困難複雜，才會需要累積更多經驗去跨出關鍵的那一步。只有恆心毅力，朝著目標用各種不同的方法，憑著累積的經驗不斷調整手段，我們快要邁開成功的步伐了！這種重開困難重重的成功，才是最彌足珍貴的！

還起得有歌詞說：不經歷風雨，怎麼見彩虹，沒有人能隨隨便便成功！

這是要提醒我們要積極面對困難，克服挑戰。

3.4 多重人稱模式-感知位置（Perceptual Positions）

NLP 感知位置的概念在 1987 由約翰・葛瑞德與 Judith DeLozier 整理而成，為早期 NLP「參考指標」概念與 Gregory Bateson 的「雙重」、「三重」描述的操作延伸。Robert Dilts 和 Todd Epstein 之後更深入精化關於第一人稱、轉換位置、觀察者位置、「團體」位置與第四位置（或「系統」位置）的概念，但第四位置在實際操作裡很難實用及感受到；我們不採用，班德勒也完全不提。

NLP 感知位置的概念根於參考指標 Referential Indices 概念。轉換模式過程其中之一，或稱「參考指標轉換技巧」，牽涉到語言轉換。班德勒和葛瑞德舉的例如是個宣稱「丈夫不重視我……丈夫從不對我笑」的女人。他詢問當事者「你不對丈夫笑總意味著你不重視他嗎？」用來「轉換參考指標」。目的是為要幫助當事者來轉換其觀點，因而能更加了解並思考其產生的自我增強。

在 1980 年代中期 Judith DeLozier 和約翰・葛瑞德建立了第一（自我）、第二（他人）與第三（觀察者）的模式。

Judith DeLozier 和約翰·葛瑞德的模式用途在其藉個體可進入並體驗每個位置來提供操作過程，連結特殊語言模式、生理學、內部表象（NLP 中三個主要操作因素）。

「感知位置」在本質上為一特殊觀點，或是個體自狀態或關係中所感知到的看法。NLP 定義了個體可用以感知特殊經驗的三個基本位置，**第一人稱**牽涉到以自己的眼睛來體驗某事物，結合「第一人稱」的觀點。**第二人稱**則關於假設自己「穿著別人的鞋子」來體驗某物。**第三人稱**則涉及退而以「觀察者」的角度來感知自己與他人之間的關係。

感知位置的轉換被稱為「三重描述」，因為在任何時間中最少有三個不同的感知位置發生於溝通迴路內；其中有我／我自己（第一人稱）、其他個體（第二人稱）與見證二者之間的互動的人（第三人稱）。

如 NLP 其他所有的優點，感知位置由特殊身體的、認知的以及語言的模式來顯示其特性。這些模式總結於下列敘述中，第一人稱是以自己習慣的身體姿態處於自己的身體空間中。完全地與**第一人稱**結合時，當談到你自己的感覺、感知與想法，將會使用像是「我（me）」「我（I）」與「我自己（myself）」等字眼。第一人稱中，你正從自己的觀點來經歷溝通經驗：眼看、耳聽、感覺、舌嚐與鼻嗅，每樣在經驗中環繞著你且你體內的均來自結合的觀點。

假如你真的處於第一人稱，你將看不到自己，卻是透過自己的眼睛、耳朵等看著這個世界。你將會完全地與自己的身體

與世界地圖結合。

第二人稱可以呈現旁人在互動中的觀點（假如在互動中多出一個人，就成為多重的「第二人稱」），此為暫時性的資訊聚集位置，在之中你轉換到另一人的感知位置，並呈現其身體姿態與世界觀，就好像你是那人般。你從那人的觀點中來看、聽、感覺、嚐出並嗅出何為溝通迴路。例如「穿著他的鞋子走上一哩路」、「坐在桌子的另一邊」等。在第二人稱中，會透過他人的眼睛、想法、感覺、信念等等體驗這世界。在此位置，你將脫離自身並結合他人，會稱呼「第一人稱」的自己為「你」（與「我」相對），並利用「第二人稱」的語言。暫時地呈現另一人的位置，是個評估在溝通迴路中的己方產生多少作用的奇妙方法。然而當你踏入旁人的感知後，確認你徹底而清楚地回歸自我相當重要，並偕同有助你溝通的資訊。）

第三人稱，或稱「觀察者」位置，為採集資訊的目的而暫時將你置於溝通迴路外，如同你是個見證人而非參與互動者。你的姿勢將是對稱且放鬆的。在此位置，你將從一個感興趣卻又中立的觀察者位置來看、聽、感覺、嚐出並嗅出何為溝通迴路。當提到你所觀察的那個人時（包括那個外表、聲音與動作像你的人），你會使用「第三人稱」的語言，像是「她」和「他」。你將自互動中脫離，而身處於「轉換」位置的型態。這個位置給予你關於迴路中行為平衡的寶貴資訊。由此觀點採集來的資訊，可被帶回你的第一人稱並加以利用，此外採集自第二人稱的資訊協助增進你在溝通迴路中的狀態、互動與關係

的品質。

　　總括來說，感知位置談及關於在你與他人間的關係中你可採取的基本觀點：

　　第一人稱：結合你自己的觀點、信念和假設，透過自己的眼睛觀察外部的世界。當談及自己時，使用第一人稱語言 －「我正在看」、「我感覺」等。

　　第二人稱：結合旁人的觀點、信念和假設，透過他或她的眼睛來觀察外部世界。當談及在第一人稱的自己時，使用第二人稱語言 －「你是」、「你看起來」等。

　　第三人稱：結合自己與他人間的關係之外的觀點，以及來自第一、第二人稱的信念與假設。當談到在第一人稱中的自己與他人（第二人稱）時，使用第三人稱語言 －「他是」、「她說」、「他們是」等。第三人稱的一個普遍變化為「觀察者位置」，牽涉到結合第三人稱觀點，但暫停關於第一或第二人稱任何的信念和假設，就好比自己是個不相關的「目擊者」一般。

3.4.1-感知位置練習-多重人稱

1. 試想一段和某個你認為是朋友的關係。

　　自己　他人

2. 藉由想像此人正身在此處而你正注視著他或她，以徹底地進入第一人稱。利用第一人稱語言來描述他人與你

的感覺。

第一人稱觀點

3.現在想像你在第一人稱「穿著別人的鞋」注視著自己。
短暫地假定此人的觀點、信念與臆測好像你就是他一
樣。以此觀點用第二人稱語言描述在第一人稱中的你，
以及你對此人的感覺，當你談及第一人稱中的你時。

第二人稱觀點

4.現在就如同觀看你與他人互動的電影一般，觀察你與他
人的關係。將你所經驗到有關你與他人二者的觀點、信
念、臆測與感覺記在心裡。

第三人稱觀點

5.暫留在此觀點中並只需集中於你所知有關你自己第一人
稱觀點的信念與臆測。

6.暫留在第三人稱觀點中，但好像自己不認識在「電影」
中的人物般地觀察他們。

7.探索下面其他兩個觀點，並注意它們對你的關係經驗有
多少影響。

試想一個很難與其溝通的人，用各不同處境看看。

　　2003 年的時候我曾經有一個朋友，要來找我幫忙，他說他有個認識了七、八年的朋友，最近兩個處的很不好，他幾乎想殺了對方，這個時候我就是用了 NLP 原則，不管他跟我講的內容，我要他在自己的位置，然後過一陣子，請他移到他朋友的位置，然後再請他離開他們兩個人一點的地方。就這樣子，請他不斷地站在自己的位置、朋友的位置、離他們遠、高一點，不同的位置，半小時後就結束，什麼建議也都沒有給他，過了幾天之後，他打電話給我，說他想通了，沒事了，這個就是多重人稱的應用。

　　不見得要說什麼，最重要的是讓當事人去發現並覺知。

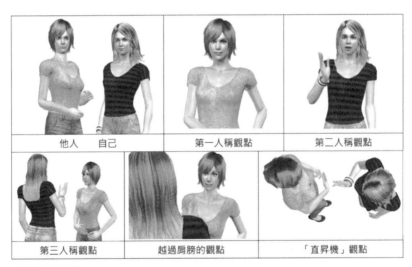

| 他人　　自己 | 第一人稱觀點 | 第二人稱觀點 |
| 第三人稱觀點 | 越過肩膀的觀點 | 「直昇機」觀點 |

感知位置練習

3.5 **脫離** Disassociation

此單元附有 YouTube 錄影

　　身歷其境（結合）

　　置身事外（脫離）

　　離苦得樂（結合）

　　離樂得苦（脫離）

　　這 4 句很簡單，卻可以在這節中讓你領會結合與脫離的禪意。

結合與脫離 (Association & Dissociation)

　　結合、脫離是一種能力，不論學 NLP、催眠的人都應該會，這也是我教課時對學生的基本要求，我看過好多治療師在結合、脫離沒辦法運用自如，以致於被個案所沾染，世界上好多知名的治療師晚年都在精神病院度過的。想學會治療的你，應該借以為鑑。

　　關於結合、脫離及下一節的多重人稱，在 YouTube 上面

有錄影課程，歡迎你去找來看，應該對你在學習上有所幫助。

當我們結合入某經驗時，意謂著我們真正感覺及享受到那經驗的所有細節。另一方面來說，當我們脫離某項經驗時，我們就是與那經驗保持距離並切斷對它的任何感覺，假如我們對生活皆採取脫離其情緒的態度，生活可能會變得索然無味。

| 結合狀態 (身歷其境) | 脫離狀態 (置身事外) |

結合與脫離意謂；"身歷其境"與"置身事外"。在 NLP 裡，你常會被要求結合入某項經驗。即意謂著，要假裝好像透過親眼再度看到記憶中的那段經驗，假裝是確實在場，並經歷所有的感覺、聲音、味道、及畫面。讓人結合入某項經驗，你可以問他：

「看到你所看到的

聽到你所聽到的

及感受到你所感覺到的」

「**脫離**」意指脫離自個人經驗的某觀點之狀態，通常是指

個人的感覺。「脫離」狀態通常定義為與特定經驗「脫離」或「不結合」的狀態。因此,脫離也許最常與「結合」經驗做對照。在 NLP 中,「結合」狀態意指體驗一個情況或事件,猶如你再度體驗已發生過的事物,如此一來透過自己的眼睛看、感覺自己的身體與情緒、傾聽你所聽見的事物、並嗅出或嚐到當時的事物。「脫離」經驗牽涉到從外部觀察者的觀點來觀察自己,就如同自己正透過看電影或錄影帶來觀察自己的行為一般。

　　自一特定記憶或經驗脫離可在某種程度上左右個人內部狀態上所造成的經驗衝擊。例如,想像或回想在遊樂園中搭乘雲霄飛車的感覺。從「結合」觀點來首度體驗。觀察車身與軌道

就如同你正搭乘雲霄飛車一般。好像你在軌道上加速一般地感覺空氣的衝力與引力的轉換，並在你急速下降陡峭斜坡時傾聽人們的尖叫聲。

從「脫離」觀點再次體驗相同的搭乘經驗。從一段距離外觀察自己，傾聽遠處的聲音，讓人們的聲音變得低沉，並在觀察者位置感覺鎮靜與穩定。即使經驗「內容」相同，所意識到的事物與你如何做出反應則大不相同。

脫離是當我們要對某一情境保持冷眼旁觀及對其所會引起的感受保持距離時，採用之。當你是在脫離狀態時，會看到自己在那情境中，就像在電影銀幕中看到自己一樣，與某一回憶脫離，會大量地消除你對那回憶中的感受之強度，當要某人脫離時，可以說：

「看著自己在做……或成為……」

與所觀察的畫面的距離越遠，脫離的程度就越強，在有些案例或創傷中，我們可能同時會要求距離與一些高度，所以可以說：

「請從一個安全的距離及高度，俯視這情景。」

當妳改變看某事的角度時，會自然地注意到某事已改變了。

我們日常生活裡，是隨時在結合與脫離。然而，問題是有些人經常結合入負面的心態而無法脫離之。有重大創傷經驗的人，尤其如此，經年累月結合於負面的經驗，你現在已學會如何由結合轉移為脫離，以便得到心境的改變。並能經常保持在

正向的心態中。

　　透過艾瑞克森催眠治療研究而進入 NLP 的脫離概念，常應用來幫助當事者更有效地處理艱困或痛苦的情況。譬如，V-K 分離的 NLP 技巧就是幫助人們處理恐懼症、創傷與壓力的一門深奧與有效的方法。

　　這些技術中的某部份需要多重脫離，個人可體驗「二位 two place」或「三位」的脫離（如同用於 V-K 脫離技巧中一般）。「二位」脫離牽涉到當事者觀看其本身行動。觀察自己身處特定事件中，就好像自己正看著電影一般。在「三位」脫離中，個人的意識點會轉換成操作影片投射器者的觀點。在此個案中，當事者也許會變成「看著自己觀察自己」。（雖然三位脫離是 NLP 技巧中最常使用的，但它可能會製造出四位、五位或更多位的脫離。）

　　除了視覺觀點上的轉換外，脫離過程伴隨著對應的身體模式與其他「神經語言」模式。譬如，脫離狀態的特徵是胸部的淺弱呼吸、肩膀往後的直立姿勢、頭與眼睛往 20 度角的位置上瞟，以及細微或幾乎不緊繃的臉部肌肉。脫離也伴隨著較低的心跳，有助於減少焦慮、壓力或恐懼的生理效應。

　　在語言方面，脫離狀態的特徵是「第三人稱」的語言，像是「他」、「她」、「那個人」等等。藉由語言模式，以時間或空間的距離為前提也可促進脫離，像是「那個經驗」、「那邊」、「那時年幼的自己」等等。有時候，脫離僅被視為「個

人的感覺脫離」，但是記住當事者自「結合」某處的經驗脫離之時則相當重要。事實上，自特定觀點或感知位置脫離的最簡易方式就是與另一個觀點或位置結合。因此，脫離過程中的注意焦點也許會遠離負面情緒，或向不同感知位置或新觀點靠近。

從我們自身經驗脫離的能力可創造反省與「轉換認知」的可能性，並提供我們模仿自己的機會。能夠自不同觀點中脫離的經驗，在許多 NLP 過程中是個重要的構成要素。脫離好比是「轉換位置」或「第三位置」的關鍵要素，並且是「全時型」時間線的必要特徵。

為做出有效選擇、決定特定目標或渴望狀態的生態平衡、設立動機，將過去事件再程式化以及計畫未來表現的目的，從個人經驗的特定觀點中脫離的能力是必要的。譬如，選擇需要（1）擴展個人的世界地圖或模式（2）自即時反射中脫離自身的能力。根據 John Grinder 的說法，製造自己執行某事的脫離影象的能力，在執行之前，也許是人類與動物之間進化上的主要差別。例如，當 Pavlov（俄羅斯生理學家、心理學家、醫師）對他的狗搖動晚餐鈴時，它們很可能不會在心中退一步地想像自己，並思考「我下一步想怎麼做？我現在真的想要分泌唾液嗎？」人類與狗最大的區別特徵在於人類能退一步地製造出腦中某事物之脫離地圖的程度。

3.5.1-結合／脫離練習：與潛意識共舞

建議：我們日常生活裡，是隨時在結合與脫離。問題是有些人經常結合負面的心態而無法脫離之。然後跟愉快經驗卻脫離，這是錯誤的。

本練習的目的，在於使你能熟悉結合/脫離狀態，跟愉快經驗結合/負面的脫離，並成爲生命本能，擁抱幸福。

每組人數：2 人/組分別爲 A、B/指導者、探索者

建議練習時間：每人 15-20 分鐘

練習重點：熟練跟愉快經驗結合/負面的脫離

練習

結合

1. 結合進入某一愉快的回憶裡。花點時間，完全進入，因此你可以在那情境裡，透過自己的眼睛，看到所看到的，聽到所聽到的，及享受此記憶裡所有美好的感受。

2. 重複再做幾個其它美好的回憶，一次一個就好；由你過去生活中，不同的回憶情境與時間，挑選不同的，愉快的記憶。

3. 閉上眼，並請求自己的潛意識，無論何時候你回想起那些愉快的回憶時，都自動結合這些愉快的回憶，成爲自己的正向資源。

等待一會兒並放鬆，讓潛意識默默地運作整合。

身體稍微動一動，然後走一走，再回來開始做練習

脫離

4.由某一不愉快的回憶脫離，挑一個中度的不愉快回憶，然後花點時間，將自己與其完全脫離，由一段安全距離外，看見自己，就像在電影或電視上看到自己一樣。
可試試與畫面中的你改變距離的遠近，保持為分離的觀察者，但帶著你的好奇。

5.重複幾個類似錯誤、失望……等的中度不愉快回憶的脫離練習。

6.閉上眼，同樣請求自己的潛意識，當回憶起任何不愉快的經驗時，它都自動地將你與那不愉快經驗脫離，以成為你正向的資源。

3.6　V-K　**分離** Dissociation **過程**

NLP 的 V-K 分離是對於處理痛苦、壓力與創傷的經驗是強有力的技巧。V-K 分離（V-K Dissociation）牽涉到將個人的視覺經驗（V）自感覺、觸覺表象系統（K）分離出來。譬如，一個人也許會將不愉快的情緒反應從產生這些感覺的視覺刺激中分離出來。使此人可以不用伴隨著這些感覺，而重演其所見所聞的事物。

V-K 分離過程是 NLP 的共同創始人 Bandler 和 Grinder 所發展之最早期的治療技巧之一。V-K 分離過程的基本目標為藉由創造出處於體外的經驗，將自己從感覺中分離出來。這可藉著完全地轉換視覺表象系統，並想像自己正從一個分離的觀察者觀點看待自己而達成。

次感元的使用在創造分離狀態上也有重大的影響。製造出特定事件的視覺影像或較小或較遙遠的經驗，或者在其周圍設下界線，也能增強分離的經驗。

當人們被指示將電影螢幕移到較遠的地方，並使影像轉為黑白，或改變影像的大小或亮度，目的在確保自任何感覺中完

全地分離出來。也可藉由使用「第三人稱」語言描述個人於過去狀態或事件中的行為與反應來促進分離。這牽涉到利用諸如「他」、「她」、「他的」、「她的」、「那人」、「年少的我」等等文字來取代「我（me）」、「我的」、「我（I）」來描述自己與自身行為。

　　NLP 的 V-K 分離技巧包含改變個人歷史的類型，以幫助人們藉由對回憶的新資源設下心錨，而重新將挑戰或創傷事件的感知重新編碼。可藉由確認在當時的實際事件中未可利用，但當下可利用的知識或資源來達成之。

　　V-K 分離也利用了重新架構的形式。

　　程序的最後步驟是將資源以及與之結合的全新反應投射為可能未來狀況與情境，目的探討目標與改變所產生的長期效果。

　　下列為標準 NLP V-K 分離技巧的步驟。

NLP V-K 分離技巧練習：標準型

　　在此介紹標準型 NLP V-K 分離技巧，在未來應用系列將介紹更多變型 V-K 分離技巧。

　　每組人數：3 人

　　建議練習時間：每人 30-50 分鐘

　　NLP V-K 分離技巧之步驟

　　開始前，先建立下列圖示所描述的三個不同觀點之身體位

置。

1. 想像自己正坐在電影院裡。（第一人稱）

2. 往上看並想像一個的空白電影螢幕在你面前，你可以在上面放映在生命中不同的事件與經驗，就如同觀看電影的演員表演一般。（第三人稱）

3. 想像你正離開身體而進入另一個位於自己上空後頭的位置，好比你正進入電影放映室一般（第二位置）。改變身體位置進入「第二」位置是很有用的。往外看並觀察自己坐在電影院的座位之中（第一位置）看著電影螢幕（第三位置）。你的眼睛應該往約 20 度角上方的方向看去；你在胸口的呼吸是淺弱的；肩膀往後；臉部肌肉只有少許或沒有任何緊繃。將此狀態設下心錨 A。

4. 開始在電影螢幕上放映痛苦、問題或壓力經驗的快照，確認它們都是在框架中凍結的影像。假如必要的話，將圖像移動至較遠處，讓影像轉為黑白，或改變其大小或亮度以確保你已完全自任何負面感覺中分離出來。繼續在螢幕上想像產生經驗的焦慮，藉由使用你的心錨 A 與結合脫離的「第三人稱」語言模式（例：「他」、「那裡」、「年少的我」、「那個經驗」等），來確認你仍處於第三位置的脫離狀態。

a. 自此觀點看來，你能確認什麼正向意圖、次要獲得與其他選擇或資源？

b. 對新的選擇與資源設下心錨 B。

5.從放映室的位置（第二位置）再度與電影院的座位結合
（第一位置）。想像資源已被轉換入投射在螢幕上（第
三位置）的事件中，並檢視新選擇的生態平衡。必要的
時候，利用你對新選擇與資源的心錨 C。

6.將自己再度置入你在螢幕上一直觀看的過往事件（第三
位置），將新資源與選擇帶入先前的經驗中（利用你在
步驟四 b 所建立的資源心錨 B）。

7.藉由想像未來可成為觸發焦慮狀態的狀況來對這些改變
作未來模擬，並確認你的新選擇與資源生理狀態已出
現。

關於 NLP V-K 分離程序的三位置

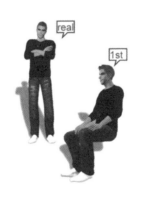

V-K分離

四
催
眠

4.1-艾瑞克森催眠--米爾頓模式（Milton Model）

NLP 催眠討論的是，跟一般傳統式催眠探討的有些不同，談的是艾瑞克森催眠。

艾瑞克森催眠是利用語言與非語言的溝通模式，來協助另一個當事者進入意識轉變狀態的技術與科學：雖然催眠並非專是恍惚的狀態。催眠（hypnosis）一術語乃出自意指「睡眠」的希臘字，因為恍惚狀態常類似於睡眠狀態，即使恍惚是由暗示所引發。催眠的研究與催眠技巧，特別是由米爾頓所發展與實行的技巧，為許多 NLP 技巧設立了基石。

在催眠狀態中，人們常進入對其正常工作狀態意識不具利用價值的經驗或人格的部份。許多人認為催眠是進入「潛意識」或是心智、經驗「其他超出意識」的觀點之途徑。這樣的催眠觀點使之成為一項有效的治療工具。

由 NLP 催眠的觀點，意識的變動狀態乃隨著個人正常心理狀態而有所「轉變」。改變意識狀態將牽涉到組成此狀態的因素之一的改變。從催眠的觀點看來，實際上包含了：（a）首要表象系統（b）內部或外部注意焦點（c）導引系統或輸入

系統（d）我們支配的大腦半球處理（「左腦」或「右腦」）。

NLP 的催眠方法中，呼應和導引（Pacing and Leading）被用來作為改變意識狀態的基本方式。呼應（Pacing）是於特定時間點上，增加觀察旁人的感官技巧與能力是增強呼應能力最好的方式。導引（Leading）是著手引導另一個體之注意力與行為至某渴望狀態的過程。呼應與導引結合為構成特定催眠暗示的方式。譬如：

「當你意識到手自在地放在膝蓋上時，輕柔地眨眼，而呼吸時空氣進出你的鼻子（呼應），你開始覺得更放鬆了（引導）。」

「米爾頓模式」語言模式

構成語言暗示的能力是有效催眠的關鍵技巧。催眠與催眠暗示一直是 NLP 持續的興趣與研究領域。下列是由 NLP 創立者 Bandler 與 Grinder 自著名催眠治療學家米爾頓的催眠技巧模仿而來的語言模式：

1. 任意連結：在兩個事件之間暗示一個直接的任意連結之陳述。
   （使用像是：在……之後、在……期間、在……之前、正當、當……時等文字）

譬如：

「當你深呼吸時，你會開始閉起眼睛。」

「在你使那影像變得更清晰之後，你將能真的放鬆。」

2.**含糊字眼**：具有多重意義的陳述或指令。可用於分心或干擾，或在潛意識等級溝通訊息。例如：

語音的（讀音聽起來相同的字）：

「你的手是手臂的一部分（a part）並與其他手臂其他的感覺分離（apart）。」

句法的（文字功能不可由句子其他部分獨特地決定之處）：「想像在你一手拿著岩石的**感覺**，將此**感覺**轉換到另外一手。」

標點符號（兩個句子在共用同一字的位置有所重疊之處）：「你能告訴你的錶（watch）現在是幾點，仔細地看（watch）著我的手。」

3.**假設前提**：在另一人身上預設好某行為的陳述或暗示。例如：

「你想現在或五分鐘後進入恍惚狀態呢？」（已經假設好你將進入「恍惚狀態」，而問題中心為何時）

4.**隱藏指令**：藉由適當地改變聲音，你可以從原本的陳述中下指令，使其意義變得恰恰相反。例如：

「真的不需要閉上眼睛然後深呼吸。」

5.**隱喻**：好比某人是某事物或其他人一般地談論他，此為

相當有效的潛意識溝通的方式。譬如：

「我小時候，媽媽告訴我一個關於去旅行而學得許多新鮮事的小兔子的故事。」

6.非語言標記：聲音壓力、手與手臂姿勢、眼球運動、觸摸與其他非語言表情可用以於表面普通的溝通中設立重要或有意義的部份或強調之（譬如，當你說「舒服自在」時，將你的聲音降低）。例如：

「我昨天告訴某人，植物能感到舒服自在。」

其他誘導轉變意識狀態之方式包括：

A.**模式干擾**：或許改變個體典型感覺產生的最快方式是直接地干擾它。這裡有許多達成此結果的方式：

1.阻礙（Blocking）即為不讓另一人完成典型行為程式的過程（像是打斷握手的狀態）。此方式的其他實例包括了：打斷進行到一半的句子、在人們與你講話時，與別的人交談、停止解讀線索、對於別人的溝通不做適當的回應等等。

2.混淆技巧（Confusion Technique）具有明顯的效果。許多混淆技巧牽涉到先前確認過的含糊字眼類型的使用。譬如：你突然在句子中停下來，伸出手來觸碰對象身體許多地方，然後問道「在何時你被觸摸的次數多過於此次之前最近一次被觸摸的次數？」

B、模式豐富比與誇大：某行為模式的控制性重複可以是改
變意識或行為意識意義的極深刻方式。生物反饋與真言
皆為此過程的實例。誇大解讀線索（如：呼吸率與呼吸
位置）與自我心錨（如：手勢與聲調）是極為有效的。

下列是我整理後簡易版本米爾頓模式，詳細的艾瑞克森催
眠在 2021 年年底另外出版的另一本艾瑞克森催眠。

簡易版米爾頓模式　語言模擬

連接詞 和、且	你可以休息下並且開始覺得放鬆…。	將某一想法與另一想法連接起來
時間附詞 一旦 當…時 同時 在…期間 自從 之前 之後	一旦坐在這椅子上，我們可以做一些放鬆…。 當我們放鬆時，總是可以學到一些舒服的事…。 當我們坐下後，你會覺很…。	在時間上建立連結
因果關連 使 必須　肇因 需要 強迫 能夠 會	當你聽著我的聲音，會很舒服。 改變只需一點放鬆…。	做原因的連結

簡易版米爾頓模式　轉移衍生現象

動詞時式	曾告訴過 Jack， 與 Jack 講話，	過去 現在
	將會告訴 Gabriel， 曾經告訴過 Gabriel，	未來 某行動在過去某不確定時間已完成
過去完成式		
現在完成式	我已經告訴過 Gabriel	某行動目前才完成
未來完成式	我將會告訴 Gabriel	某行動在未來某時間將完成
一般化的參考指標或轉移衍生搜尋	人能自各種放鬆裡獲取所需…	由轉移衍生搜尋去找出意義
選擇性限制違背	一棵橘子樹能覺得很好…	由轉移衍生搜尋去找出意義
刪減 ---	---這真令人放鬆… ---你已經放鬆得很好 ---我已從你那知道很多放鬆…	空出某些深層結構讓聽者可以去自行填補
結構不好的刪減	---而你想要且能夠，… ---你已經完全知得如此 Gabriel…	由轉移衍生搜尋去找出意義
名詞化	美妙的放鬆 滿足 學習 思考 感受	呼應且引導聽者使其尋求個人的正面意義

簡易版米爾頓模式

預先假設 時間的從屬子句 序號 或許（or）	之前 之後 同時 第一 第二 另一個	預先假設你會完成某事 預先假設某事會被完成，只是順序早晚的問題
知覺用詞	知道、瞭解 注意到　察覺到	預先假設有多於一項選擇
改變時間動詞及副詞	開始 繼續 進行　停止	預先假設任何下列會發生的
還是、迄今、終必、但是、然而，（yet） 仍然		預先假設以下句子所說之事 預設某事必然會發生
會話式的要求 是／否的問句而導引出甚於是/否的 回應 否定的 肯定的	怎麼這麼熱---導出某人自動去做 XX 有沒有咖啡--而導出某人自動點火 你不必放鬆 你現在可以去放鬆了	導出一項好像被要求做某事的回應

簡易版米爾頓模式　衍生意義

嵌入的命令 直接的 間接的	我的朋友告訴我…放鬆 布希告訴我，kevin，坐好…	間接的建議
嵌入式問句	-我懷疑是否-我問自己是否 -我很好奇是否-	聽者在內部會以為問題是直 接地回應著
否定的建議	不要弄的太舒服　　不要太快放鬆　　不要現在就放鬆	假設一正向的內在表象
引用語	-有個個案曾經告訴我…	聽者會以為那是在另一個的 meta 訊息

4.1.1-催眠練習

催眠練習 1

　　練習「米爾頓模式」各語法的能力，建立治療性隱喻的基本技能。

　　每組人數：2-5 人/組-分別為 A、B、C/指導者、探索者、觀察者

　　建議練習時間：每人 15-20 分鐘

　　1.利用嵌入式問句造十個句子。

　　　例如：我懷疑是否會很快的進入放鬆

2.利用會話式要求造十個句子。

　例如：太熱了好想喝水

3.利用引用語造十個句子。

　例如：有客人告訴我

4.利用崁入的命令造十個句子。

　例如：我問自己是否能夠很快地進入放鬆

5.利用選擇性限制的違背造十個句子。

　例如：我很懷疑這個種子是不是很快的就放鬆了

6.利用否定建議造十個句子。

　例如：千萬不要弄的太放鬆

催眠練習 2

建議練習時間：10 分鐘

每組人數：3-分別為 A、B、C/指導者、探索者、觀察者

1.A 看看他或她的視覺建構方向，手指著那方向，並說一句非常普通的話（如：戀愛就像……，馬路如……，生命就像……）

2.B 馬上看看他/她的視覺建構方向，手指著那方向，並說一句連下來的話，（如：戀愛就像喝咖啡，馬路如虎口，生命就像登山一樣）

3.C 馬上加一句子來完成這一段陳述，不管聽起來有多奇怪，（如：有時上（坡）有時下（坡）、高潮疊起，有

人愛有人驚，有時要喝白開水、有時又榮華富貴）

催眠練習 3：語言及聲調

練習"米爾頓模式"的催眠語法練習的語言及聲調。

崁入式命令與嵌入式問句。

建議練習時間：每人 15-20 分鐘

每組人數：3-5 人-分別爲 A、B、C/指導者、探索者、觀察者

1.崁入式命令與嵌入式問句各造一個。

2.對著大家朗誦出來

3.從大家身上取得一些關於你說話聲調的回饋；例如：你所說的話聽起來像是命令或問句嗎？

4.根據你所收到的回饋來做改進。

催眠練習 4：語言使用

建議練習時間：每人 15-20 分鐘

每組人數：2-5 人

1.根據自己所學的寫出至少 30-100 個良好的米爾頓模式，一個模式一張紙。

2.組合並使用所有的米爾頓模式到組員身上。

前一天準備，隔日練習

催眠練習 5：內在對話引導

練習"米爾頓模式"各語法的內在對話引導能力。

每組人數：2，分別爲 A、B 互爲指導者、探索者

建議練習時間：每人 40 分鐘

1. 將你內在之對話寫在數張紙上。
2. 跟你的同伴交換。
3. 每個人使用記號法來找出紙上有轉換模式的地方。
4. 其中一人利用對方的轉換模式、米爾頓模式、催眠聲調 和速度來引導他人進入一個充滿熱情的狀態。
5. 輪流。

4.2-隱喻 Metaphor 概要

　　根據 Webster 字典，隱喻的意思是，將一組字的涵義套用在另一組字以達成解釋作用，如此做可以達到輕易的轉變（例如：「隊員之間的合作如同一個交響樂團奏樂一樣地順暢）；另一個定義將隱喻解釋爲「一種將字或片語使用在平常不會使用的地方以致達到相似性或類比性。例如：「淹死在錢海裡面」因此隱喻牽涉到將一個情況或現象想成是外另一個情況，這個在故事和寓言和類比中就常使用到了。

關係
「平順的流暢度」

A 組　　　　　　　　　　　　　　　　B 組
在交響樂團中的音樂家　　　　　　　工作團隊中的隊員

隱喻牽涉到將一組字的涵義套用在另一組字以達成解釋作用
隱喻：用兩組事件的共同性來解釋其中一方

　　隱喻是什麼？是一既可提供新點子，又不會遭遇抗拒的方法；以比擬、說故事的方式，內含當事人困境的平行宇宙相似

情節，以隱喻方式，將當事人帶領至比較有彈性、資源的狀態。

「隱喻」這個詞來自希臘文的 metapherein，意謂著「帶東西過去或轉換（轉換 meta＝「超過 beyond、中間 between、超越、之上 over」＋pherein=「帶過去或去承受」）。在希臘文，「隱喻」是會將東西移來移去的東西。

語言的詞彙是有限的，語言經隱喻來增長擴充，隱喻可以將他們伸展出無限的組合，甚至創造出新的字與意義。比喻是用來描述事情的，但有時我們在描述時，會被情緒和感覺影響，因此可用隱喻來描述一些我們不了解的事物，兩者之間共同的關係可經由比喻來作簡單和清楚的解釋，用比喻來解釋價值觀與相同處的深層意義是個很有效的方式，例如將某企業比喻成一個不停工作的機器，或一個分工不息的蜂窩或一個團結的球隊便可做更戲劇性的詮釋其象徵。

解釋事情時所使用的隱喻會影響事情被解析的方式，因為不同的隱喻會有不同的感覺。因此若我們將免疫系統的狀態形容是一個時時刻刻在「打仗」的系統，就算是不錯的隱喻了。我們可以將免疫系統的所有科學資訊利用「衝突」「攻擊」「打戰」等來做分析。當然，還有其他解釋方式。例如將同樣的資訊，用「種植草皮」的隱喻來分析也是可以的，但這樣就會對於免疫系統有另外一種感覺了。若我們把白血球看成是羊，那牠們在此隱喻中就可說是在草原上吃草或吃雜草的清道夫了。

　　轉換不同的隱喻去了解一個狀況時，常會啓發我們的創造力，並且產生出新的見解。經由隱喻式的表象去了解一個點子、情況、和概念是個非常普遍以及有力的方式。利用隱喻去學習不同情境之間的差別非常有用的，因爲隱喻會激發出思考不同情境之間時所需要的抽象感。

　　在不同的情境之中製造比喻（滑雪 VS 在辦公室上班）會製造不同的感知空間。儘管滑雪可能是單人的運動，而辦公室上班是包含到多人的活動；但這兩者之間一定總有些可做類比的地方。例如說，滑雪時要躲避的樹林與坑洞，可比擬爲在辦公時所要去躲避的一些同事之間的衝突一樣。

　　我們可以經由去找出一個人（或一個文化）所使用的寓言式語言中的微小隱喻，而指認出具限制性的假設或假設前提，並同時也去發現到新的隱喻。舉例來說，一個人可能會用一個具攻擊性的隱喻「打仗」來形自己與同事開會的情形。他可能會說：「他不斷地攻擊我的點子，並反對我所提議的每一個建議。」若他使用的隱喻是一個較溫和的，例如「踩在彼此的腳尖上」；這時所給人的想像空間和感知空間又不太一樣了。相似地，一個領導者的權位之轉換若使用「極權」的交接會顯得如暴君；使用「掌管」的轉讓則會顯得平穩。

　　從 NLP 的觀點來看，隱喻從一個情況傳遞到另一個情況不是屬於外觀或表層結構，它主要是在傳遞「深層結構」。事實上，NLP 會區別「淺隱喻」（直喻）與「深隱喻」（隱喻）。NLP 亦可知道這兩者要如何分辨，若句子裡出現"好像"

"有如"，而且用眼睛即可找出物體或事件的共同性，則稱為膚淺比喻，例：睡的好像嬰兒，長的有如樹一樣高.

「深隱喻」則是在講關係、過程、形態的類似處。我們可以這麼說，「深隱喻」主要是基於「同形同態homomorphism」而不是像「淺隱喻」所強調的「同形異狀isomorphism」。因此說「她的臉頰如玫瑰一樣紅」是直喻，這是在說臉頰的外表顏色與玫瑰外表顏色很類似。但說「這艘船破浪前進於海洋之中」則是個隱喻。它說明了臉頰與破浪的過程之相似性。

以深隱喻來說，它所指出的相似性不是用肉眼可以看出來的；大部分時候必須是用感覺出來的。深隱喻需要用較抽象思維與潛意識去了解它。夢和神話就算是深隱喻了。

隱喻是人類領悟的一個重要觀點；隱喻式思維是歸納性推理與發展性推理的重要原素。Bateson 經由以下的例如說出了兩種的差別：

1 歸納性	2 發展性
人會死	草會死
蘇格拉底是人	人會死
蘇格拉底會死	人就是草

發展性思維很明顯是較相關於「深隱喻」而非「淺隱喻」的，在深層隱喻中：「所有事物皆是一個隱喻」。

　　深層的結構被轉化成為其他的深層結構，表層的結構則被轉化成為其他表層的結構。「羊的毛白如雪」「她的嘴唇紅如玫瑰」這種類比是基於直喻的，注重於彼此的外表（同形狀）。「母愛像大地」「地球像太空船」這種是注重於深層結構的關係（同形態）。

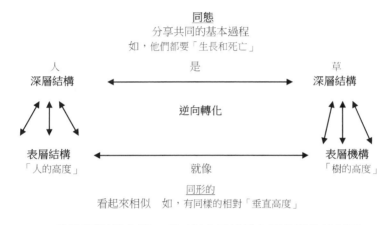

兩個深層結構之間，或兩個表層結構之間的逆推轉變圖

　　隱喻的主要目的是通過故事來調整和引導當事人的行為。建議的主要內容包括：

　　1.將參考索引從當事人端移動到故事中的角色。

　　2.通過在故事中的人物之間建立類似於當事人情況的人物之間的行為和事件來解決當事人的問題。

　　3.在故事的上下文中為當事人找尋資源。

4.完成故事，以便發生一系列事件，故事中的角色可以解
決衝突並實現理想的對手。

生成隱喻的基本步驟如下：
1.確定有問題的行為和/事件的順序：
這可能包括內部部分之間的衝突、身體疾病、當事人與
父母、老闆或配偶之間的相互關係。
2.策略分析：是否有任何一致的表示序列對當前的行為結
果起作用？
3.確定所需的新成果和選擇：
這可以在任何細節層面上完成，並且對於您的工作結果
非常重要。
4.建立涉及當前行為和期望結果的戰略要素的心錨點。舉
例來說，你可能會在膝蓋上停留所有的策略和表示，阻
止當事人做出必要的選擇;另一方面，您可能會鎖定當
事人可能擁有的任何個人資源（無論具體情況如何）。

映射策略：
5.置換參考指標：映射所有名詞（對象和元素）以建立故
事中的角色。角色可以是任何東西；有生命的或無生命
的、從岩石到森林生物、牛仔到書籍等等。只要你保持
角色關係，你選擇的角色並不重要。很多時候你可能想
使用著名的童話故事和神話中的角色。

6.建立當事人情境和行為之間的同等結構（同形隱喻）關係，以及所有故事地圖中（關係和相互作用）中人物的情況和行為：

分配行為特徵，如與當事人目前情況相同的策略和表徵特徵（例如，將當事人的情況與故事相匹配）。利用你之前建立的任何心錨來確保關係。

7.根據故事中的角色和事件找尋和建立新的資源：這可以在重新構造或重新訪試被遺忘資源的框架內完成；再次，使用任何適當的預先建立的心錨。您可以選擇保持資源的實際內容不明確，從而允許當事人的潛意識流程選擇適當的流程。

8.使用非死胡同、模棱兩可和直接引用來分解故事中的序列和直接的有意識的抵抗，如果這種抵抗存在並且阻礙了隱喻的效果。有意識的理解當然不一定會干擾隱喻過程。

　　盡可能保持您的解決方案不明確，以便當事人的潛意識流程進行適當的更改。

4.2.1-隱喻練習

練習一：這就像……、變化一

每組人數：3 人-分別為 A、B、C/指導者、探索者、觀察者。

建議練習時間：每人 10-20 分鐘

甲與乙走來走去輪流指著物品並且完成句子：這 A 就像 B 因為 C。例如：這本書就像一個人因為它充滿了許多有趣的點子與想法。

練習二：這就像……、變化二

每組人數：3 人-分別為 A、B、C/指導者、探索者、觀察者

建議練習時間：每人 10-20 分鐘

甲與乙走來走去，指著物品並且完成句子：甲說：「這個 A 很像這個 B 因為 C 的關係。」乙則接著指向另外一個不同的東西並且繼續先前的主題且完成句子說：「這個 1 也很像 B 因為 2 的關係。」

例如：甲說：「這個塑膠杯很像一個生氣的人，因為它雖然很硬，卻你能看透它。」乙則說：「這把折疊刀也很像一個生氣的人，因為當你把它給打開時會變成一個很有用的工具」

練習三：設計改變的隱喻

練習時間：每人 10-15 分鐘

大綱：練習"米爾頓模式"各語法的應用能力，建立治療性隱喻的基本技能。

每組人數：2-5-分別為 A 探索者、B、C 指導者，/D、觀察者

1. 探索者；描述其生命中的某困境故事，一個可以談論且值得深思的困境，指導者要確認探索者的描述沒有遺漏重要人、事、物、關係及明確的想要目標、結果。

2. 在指導者討論後，指導者利用前述，針對探索者的問題設計一個改變用的隱喻。

3. 指導者用親和力及催眠模式來傳送此平行宇宙的隱喻訊息，就像電影裡面在講的平行宇宙一樣；告訴探索者這個隱喻，以達到最大的效果，過程中，指導者要保持對探索者的測度。

4. 事後，探索者把對此隱喻及表達方式的看法告知指導者。

5. 角色對調，重覆以上步驟。

4.3-**重整、換框、重新架構**（Reframing）

此單元附有 YouTube 錄影

先來談談框架，再來談如何重整、換框、重新架構
（Reframing）。

框架（Frames）

在 NLP 中，「框架」這個詞是指一個總體的焦點或方
向，它在互動過程中為思考和行為提供了全方位的指導。從這
個意義上講，框架涉及到特定事件或經驗周圍的認知情境。如
同這個詞所指的--「框架」建立了互動周圍的邊界和限制。它
極大地影響了解釋和回應特定經驗及事件的方法，因為它「強
調」這些經驗和引導注意力方面如何起作用。例如，在事件周
圍五分鐘的短期框架內感知一個痛苦的記憶，它就會作為強烈
的事件而顯得突出。而在一生的背景下感知它時，同樣的痛苦
經驗看起來就顯得微不足道了。框架還可以讓互動更高效，因
為它們決定了哪些資訊和問題在互動目的之內，哪些在互動目

的之外。

　　「時間框架」是常見的架構實例。例如，為會議或練習設定一個十分鐘的時間框架會極大地影響會議中能完成什麼。它決定了人們把注意力集中在那裡，他們適合在互動中包括哪些話題和問題，以及他們實施努力的類型和程度。如果為同一個會議設定一個小時或三個小時的時間框架，就會產生不同的動力。**更短的時間框架讓人們聚焦於任務，而更長的時間框架讓人們更可能聚焦于關係的開發。**如果為某個會議設定了 15 分鐘的時間框架，會議則更有可能以任務為導向而不是自由回答的、解釋性的自由討論。

　　　　　　　　　　　　　　　　框架「外部」的話題

框架「內部」的話題

　　框架
　　如；框架的「目標」

框架引導注意力並影響如何解釋事件

　　NLP 中某些常見的「框架」包括「目標」框架、「假設」框架和「回饋對失敗」框架。比如；目標框架的基本重點是建立和保持以目標或渴望狀態為焦點，這可能與「問題」框架相對照。「問題」框架的重點是定義症狀和問題。「假設」框架的焦點是表現時，「好像」已經獲得了渴望目標一樣。

「回饋對失敗框架」則注重在事情表面上的問題、症狀或錯誤如何被解釋爲回饋。而「回饋」有助於作出校正、引導人們走向渴望狀態而不失敗。

　框架的概念還與「重新架構」 過程緊密相連。重新架構包括幫助人們重新解釋問題，並通過改變感知問題的框架來找到解決辦法。這主要通過運用「正向意圖」框架來完成。「正向意圖」框架聚焦於特定行爲或症狀背後的（有時是潛意識或不明顯的）正向理由或目的，巧妙回應話術運用建立和改變特定思考、行爲及信念周圍框架的過程。

　從 NLP 觀點看，框架是進行溝通或互動的重要面向。有了清晰的框架有助於調整經驗，適當地解釋資訊和行爲。當人們沒有清晰的框架時，可能產生不必要的困惑和抗拒。用 Judith DeLozier 的話來說，「一盎司的框架相當於一磅的重新架構」。

重整、換框、重新架構---其實是相同的意義

　重新架構你可以這樣想像；有一個事物或情境或人，以同樣的背景內容，但透過不同的外部機制（假設前提）如凸、凹透鏡、藝術效果、黑白…等等，使它的觀感改變就是。如下圖；同一個人，就只是從不同角度，顯現就不同，甚至先給妳個不同提示，因此妳看法也會改變。

如下圖先給你個不同提示，你看法也會改變：
以下是非常有名完形學派的例如

暗示的力量：

當我們暗示你是時髦美女圖時，你會看到什麼？
但當我們暗示你是歲月的痕跡圖時，你會看到什麼？

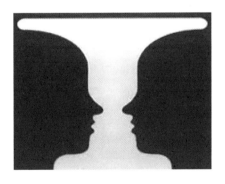

這張圖：

當我們暗示你是生命的映照圖時，你會看到什麼？

但當我們暗示你是某種傢俱圖時，你會看到什麼？

　　重新架構的字面意思是把新的或者不同的框架放在某個影像或者經驗周圍。從心理學的觀點；「重新架構」某事的意思就是把它放在與先前的感知位置不同的框架或者情境中，從而轉化其意義。「框架」關係到特定事件或經驗周圍的認知情境。這種「框架」建立了情境周圍的邊界和限制。框架大大地影響了解釋具體經驗和事件並對它們作出反應的方式，因為它們「強調」這些經驗並引導注意力的方式不同。在事件周圍五分鐘的短期框架內感知一個痛苦的記憶，它就會作為強烈的事件而顯得突出。而在一生的背景下感知它時，同樣的痛苦經驗看起來就顯得微不足道了。以這種方式「重新架構」就是幫助某人轉換觀點、拓寬世界地圖的、最意義深遠且最強大的方法。

　　下一圖片周圍的框架是理解重新架構概念和過程好的隱

喻，圖片中被架構的事物不同，我們就會獲得關於圖片內容的不同資訊，以及對圖片所表徵事物的不同感知。例如，攝影師或畫家在記錄特定的風景，他們可能只「架構」一棵樹，或者上面有很多樹和動物的草地，也可能是一條小溪或者一個池塘。這決定了圖片的觀察者後來將會看到原景的哪些部分。此外，買了一幅畫的人接下來可能決定換了框架，從而讓它在美學上與房子的特定房間更相符。

　　同樣，由於它們決定了我們「看到」或感知到特定經驗或事件的什麼，所以心理框架影響者我們體驗和解釋情境的方法。例如，思考下圖框架 1。

　　現在，思考一下：如果框架被擴展了，會發生什麼。注意你被表徵的經驗和對情境的理解如何被擴展，從而包括了新觀點。

　　第一張圖本身沒有很多「意義」，它只不過是某種「魚」。當框架得到擴展從而產生了第二張圖時，我們就突然看到了不同的情境。第一條魚不只是「魚」了，它是「要被大魚吃掉的小魚」。這條小魚似乎沒有意識到這個情境——我們可以通過自己的觀點和「更大框架」輕易看見的情境。我們還可能為它感到恐慌和擔憂，或者接受大魚要生存就必須吃掉小魚的事實。

　　注意，當我們通過擴展自己的觀點而「重新架構」 情境時，會發生什麼。

　　現在，我們有了另一個觀點和新的意義。我們看見處於險境的並不只是小魚，大魚也會被更大的魚吃掉。為了生存，大魚專注於吃掉小魚，從而忘記了自己的生存也受到更大的魚的威脅。情境因為重新架構情境角度，而獲得的新意識層次是心理重新架構過程和目的很好的隱喻。他們經常陷入小魚或者中間那條魚的情境中。它們可能像小魚一樣意識不到更大環境中即將來臨的挑戰，或者像中間那條魚一樣過分專注於達到某個目標，而注意不到迫近的危機。中間那條魚的矛盾在於，他把注意力集中在生存的特定行為上，卻以另一種方式讓生存面臨危險。重新架構讓我們看見「更大的圖片」，從而實施更適當的選擇和行為。

　　在 NLP 中，重新架構包括把新的心智框架放在經驗或情境的內容周圍，拓展我們對情境的感知從而讓它得到更明智、更機智的處理。最早 NLP 找出了「情境重新架構」和「內容

重新架構」的基本形式重新架構。我們將爲你介紹最簡單的重
新架構。

4.4-意義跟內容重新架構跟其他

情境重新架構

　　情境重新架構涉及到：特定經驗、行為或事件將會有不同的內涵和後果，這取決於它出現的情境難度。例如，遭受嚴重旱災的人們把下雨看作非常正向的事件，而處於洪災中的人或者籌辦戶外婚禮的人就把它看作負面事件。雨本身既不是「壞的」，也不是「好的」。這個判斷涉及到它在特定情境內產生的後果，就像 2020~2021 年台灣正處於缺水的旱災，所以這個時候是非常渴望下雨的。

　　Leslie Cameron－Bandler 認為，NLP 中的情境重新架構是認為所有行為在某個情境中都是有用的。情境重新架構的目的就是通過意識到行為在某些情境中的有用性，從而改變某人對特定行為的負面內在反應。這讓我們把行為僅僅看作「行為」（比如，雨），並轉換注意力來處理與更大情境相關的問題（如，洪災時不是詛咒雨，而是學習聚焦於建立更有效的排水系統）。

例如，一位母親非常煩惱，因為兒子總是在學校打架。情境重新架構就包括諮商師對母親說這樣的話：「在回家路上你兒子總是保護妹妹不受騷擾，你知道這件事不是很好嗎？」這可以幫助她轉換對兒子行為的感知，並且從更大的角度來看待這件事。她不但沒有感到憤怒和慚愧，反而開始認為兒子的行為在特定情境中是有用的並欣賞這個行為，從而以有建設性的方法作出回應。

負面反應通常會維持、甚至提升問題行為，而不是壓制它們。責備通常會產生一種「極端反應」，而這個反應會刺激而不是抑止有害行為。如果上述實例中的母親能夠看到兒子的行為在某個情境中具有正向利益，這就有助於她獲得行為更好的「感知位置」，從而更有效的對兒子的行為和行為發生的情境進行溝通。

證明自己的行為在特定情境中是有用的，而不是攻擊和批評它，這讓兒子從不同的觀點看待自己的行為，而不是一直進行自我保護。接下來，母親和兒子一起為學校中發生的行為建立正向意圖和利益，並探索更適當的替代物。

內容重新架構

內容重新架構並不轉換情境，它包括轉換感知特定行為或情境的觀點和層次。比如，想一想空無一人的空地。對農夫來說，空地是種植農作物的機會；對建築師來說，空地是建構夢

想家園的空間；對年輕夫婦來說，空地是不錯的野餐場所；對飛機耗盡了汽油的飛行員來說，空地是安全的著陸地等等。觀察者觀點的「意圖」不同，同樣的內容（「空地」）也會得到不同的感知。

用圖的比喻，以不同的方式觀察一幅畫或者照片就是通過思考藝術家或者攝影師建立圖片的意圖，從而「重新架構」它。藝術家或者攝影師期望引出觀察者的什麼反應？藝術家或者攝影師期望傳達什麼情感？思考其意圖框架內的某事就改變了我們對它的感知。

同樣，NLP 中的「內容重新架構「包括探索某人外在行為背後的意圖。要探索這個意圖，就要找出與特定症狀或者問題行為相關的「正向意圖」、「正向反應」或「轉換目標」。NLP 的一個基本原理就是：把某人的「行為」和「自我」分開是非常有用的。即，把產生行為的正向意圖、功能和信念等與行為本身分開非常重要。根據這個原理，對「深層結構」產生反應比對問題行為的表層表達產生反應更尊重人、更生態、更具生產力。在正向意圖的更大框架中感知症狀或問題行為期望滿足對行為內在反應的轉換，並提供機會以更機智、更具創造性的方法處理它。

例如，在某個家庭中，一個 10 幾歲的男孩抱怨自己的父親總是反對自己對未來的規劃，NLP 諮商師為他提出了一些建議。諮商師對他說：「你父親保護你不受傷害或者防止你失望，不是很好嗎？我打賭，你不知道很多父親都這麼關心自己的孩子」。這番話讓孩子吃了一驚，因為他從來沒有想過父親的批評背後還可能存在著正向目的。他只是認為，父親在攻擊自己。諮商師繼續解釋了「夢想家」、「實踐者」和「批評家」之間的差異，以及每個角色在有效計畫中發揮的重要性。他指出，出色批評家的功能就是找出可能在特定想法或計畫中確實的事物，從而避免問題，而對男孩的夢想來說，父親就明顯處於「批評家」的位置。他還解釋了，實踐者不在場時夢想家和批評家之間可能出現的問題。

NLP 諮商師的話足以讓男孩轉換對父親的反對所產生的

內在反應，從一味的憤怒轉換到眞誠的感激。對父親行爲的新架構讓男孩把父親看作幫助自己學習如何規劃未來的潛在資源而不是障礙，父親意圖的證明還讓父親轉換了對自己在兒子的生活中所扮演的角色的感知（以及他的參與方式），父親意識到自己可以擔當實踐者、或教練以及批評家的角色。

因此，內容重新架構包括確定問題行爲背後可能的正向意圖。這意圖有兩個方面；第一個是行爲背後的正向內在反應（如對安全、愛情、關心、尊敬等的期望）；第二個是行爲在其所在的更大系統或情境內可能提供的正向利益（如，保護、轉換注意力、得到認可，等等。）。

NLP 中常用的一個內容重新架構就是幫助人們解決人際衝突，這個實例說明了它們有不同的「主要感知系統」（如，某人更加「視覺化，另一個人更加「觸覺化」）。這不僅讓人們在新的意識層次感知對方並相互作出反應，還讓他們意識到他人並沒有以問題方式行事或者出於惡意、仇恨或者憤怒而進行錯誤的溝通，而是因爲他人更多地以視覺、聽覺或觸覺爲導向。

應用內容重新架構的另一個實例是「六步重新架構」。六步重新架構是 NLP 使用的一個程序步驟，在這個過程中，問題行爲與內在程式或者產生「行爲」的部分的正向意圖分離開來。建立新的行爲選擇，要讓產生舊行爲的部分承擔實施選擇行爲的責任，而選擇行爲要滿足同樣的正向意圖，但卻不會產生問題副產品。

4.4.1-其他重新架構法

One-word 的重新架構練習

實踐內容和情境重新架構的一個簡單方法，是探索其他文字的「一個重新架構」。要完成這個任務，需要採用表達了特定想法或改變的一個字並找出另一個詞來表達讓更正向或更負面的觀點影響這個概念的想法或概念。正如哲學家 Bertrand Russell 曾幽默地指出：「我很堅定；你很固執；他是一個蠢蛋」。借用 Russell 話，我們可以產生其他實例，如：

請注意它們都是同一個意思，

我很憤慨；你生氣了；他小題大做。

我重新思考了它；你改變了注意；他食言了。

我犯了真正的錯誤；你扭曲了事實；他簡直就是一個騙子。

我富有同情心；你很軟弱；他「容易上當受騙」。

每個陳述採用了特定概念或經驗，並把它放在不同的觀點用不同的文字「重新架構」它。例如思考「錢」，然後把「成功」、「工具」、「責任」、「腐敗」、「綠色能量」等，把這些詞和短句不同的「框架」放在「錢」這個概念周圍，並帶出不同的潛在觀點。為下列概念試著形成自己一個文字重新架構：

負責的（如，穩定的、嚴格的）

好玩的（如，彈性的、不可信任的）

穩定的（如，舒服的、無聊的）

節儉的（如，明智的、吝嗇的）

友好的（如，美好的、天真的）

武斷的（如，自信的、骯髒的）

尊敬的（如，體貼的、妥協的）

全球的（如，擴展的、笨拙的）

還有如；

與其責備孩子「說謊」，不如說他/她「想像力強」

「過動」相對於「活潑」

聽力有困難的人如「有聽力障礙」相對於「聾子」，

「看門人」相對於「保全技師」；

「垃圾收集」相對於「環保處理」。

還有很多，吝嗇的人可說是最好的監察人……。

你可以做非常多的簡單換框練習看看。

4.4.2-重新架構練習

看再多都只是知識，一定要練習才能成為你自己的，身體才會記住，所以練習吧！先看這個吧！

幾年前在上課的時候的實例：

內容、意義換框法對一些因果式的信念最爲有效。

"柯 P 嚴厲，所以我工作不開心。"

方法是把句中的"果"改爲它的相反詞，再在句尾加入如"因爲、所以……"等連接詞，成爲：

"柯 P 嚴厲，所以我工作快樂，因爲……"

反復地思考如何能把句子寫完，要求至少有 3 個不同的版本，再找出其中最能夠接受的句子。

例如：

"柯 P 嚴厲，所以我工作快樂，因爲……"

——我超級聰明，領悟強

——我改變工作態度

——我對工作變得熱忱

——我知道終於出現伯樂

——我更能磨練潛能，創造……

——我更上層樓近了

——我知道……

——我能更……

——我能證明自己的……

——我能享受工作的愉快

——我能證明在這種上司之下仍能存活，那……

——能證明我能超越自我

——我比他人優秀

挑選一句覺得最好的，然後把整句反復地念數遍。

現在，再念念本來的一句：「柯 P 嚴厲，所以我工作快樂，因爲……」

你內心的感覺有怎樣的不同？本來的一句和後來的一句，哪句你覺得更舒服一點？

重新架構練習 1：太好了！

每組人數：2-5 人

練習時間：每人 10 分鐘

注意事項：框架有何改變

1.A、B、C 3 人；A 爲探索者，B、C 在其面前爲回應者。

2.A 想 3-10 種他某些不太順的狀況，B、C 在回應前在每句前加上「太好了！……」

3.A 試辨識 B、C 的回應如何改變其觀點，那種對自己幫助較大。

例如：

XX 今天被偷了！

重組：太好了！又可以買新的了！

主管經常對我大聲發火！

重組：太好了！說明主管很看重我，因爲他直接向我表露

他的態度。

10 年的戀人今天向我提出分手！

重組：太好了！感謝他（她）又重新給了你一次選擇眞正屬於自己幸福快樂人生的機會！

我幾乎要成功了，卻在最後關鍵搞砸了！

重組：太好了，你已經成功地發現自己錯在哪了，那麼你離成功也就不遠了！

重新架構練習 2："因為……所以……"！

每組人數：10-15

練習時間：每人 10 分鐘

注意事項：框架觀點有何改變

1. A、B、C 3 人；A 爲探索者，B、C 在其面前爲回應者。

2. A 想 3-5 種他某些不太好的信念，B、C 每人 3 句，在回應前在每句前加上「因爲、所以……！」

   方法是把句中的"果"改爲它的相反詞，再在句尾加入如"因爲、所以……"等連接詞，成爲：

   "柯 P 嚴厲，所以我工作快樂，因爲……"

   反復地思考如何能把句子寫完，要求至少有 3 個不同

的版本，再找出其中最能夠接受的句子。

3. A 試辨識 B、C 的回應如何改變其觀點，那種對自己幫助較大。

重新架構練習 3：跳出架構

每組人數：2-5 人

練習時間：每人 10 分鐘

1. A、B、C 3 人；A 為探索者，B、C 在其面前為回應者。

A 提出某種兩難的情況；如：

——要使品質提高，產量必然減少。

——為了家中安寧，我只好少說話、或避免和太太說話。

——每天那麼忙，哪有時間去再進休？

——我工作之餘還要督促孩子讀書，沒有時間陪先生，婚姻關係如何會好？

——為了收入提高，我只得放棄親子相處時間，且造成身體……。

試用「假若二、三者可以兼得，我怎樣做便能實現它？」的態度去考慮一些可能性。

2. B、C 對 A 提出某種兩難的情況，做適度的回應及探討。

請注意保持親和力維持。

3. A 試辨識 B、C 的回應如何改變其觀點,那種對自己幫助較大。

重新架構練習 4:例外換框法

練習重點:以不同方式激發不同觀點,同樣的一件東西或一個情況,在不同的環境中包含的價值會有所不同。找出有利的環境,便能改變這件東西或這個情況的價值,因而改變有關的信念。

先把句子由負面轉為正面詞語,找出例外情形。

每組人數:2-5 人

練習時間:每人 10-20 分鐘

同樣的一件東西或一個情況,在不同的環境中包含的價值會有所不同。找出有利的環境,便能改變這件東西或這個情況的價值,因而改變有關的信念。

A、B、C 3 人;A 為探索者,B、C 在其面前為反應者。

1. A 想 3 種他缺乏創意的念頭,

如「年紀大了,與年輕人競爭不來。」

「蕃茄汁要成為飲料,是不會有人買的。」

2. B、C 先把句子由負面語句轉為正面詞語,再找出至少 3 個例外,並記下。

3. A 試辨識 B、C 的回應如何改變其觀點,那種對自己幫

助較大。

在諮商時，例外換框法，對一些因為自己的特質而內心感到自卑，不如別人，或者無可奈何的不滿意的個案最為有效。
例如：

喜歡多說話或者不會說話、沉默。

覺得自己學歷不高，或相貌太抱歉。

長得太高、太矮、太瘦或太肥。

重新架構練習 5：One-word 的重新架構

每組人數：2-5 人　建議練習時間：每人 10 分鐘

練習重點：以不同方式激發不同觀點

練習

1. A、B、C 3 人；A 為探索者，B、C 在其面前為反應者。
2. A 想 5-10 種他某些不太好的念頭，如生氣、食言、騙子、軟弱、節儉、吝嗇、體貼、負責的、B、C 每人回應 3 句，並記下
3. A 試辨識 B、C 的回應如何改變其觀點，那種對自己幫助較大。

重新架構練習 6：內容重新架構

每組人數：2-5 人　建議練習時間：每人 10-15 分鐘

A、B、C 3 人；A 為探索者，B、C 在其面前為反應者。

1. A 說一句自己生活上或實際經驗上有的體驗，其形式為 A 等於 B，或 A 是 B 或 A 即是 B，如：沒學歷就是低薪、學歷低就沒出息、沈默是金、決策慢就是沒有效率……

2. B 跟 C 可自問

—— 有沒有一個不同的或更大的框架，在此行為或想法中是恰適的。

—— 有什麼這情形的其他面向，是個案所不清楚，但卻能提供他不同的意義。

—— 這想法或行為，還可能有什麼其他意義？

—— 還可以怎麼不一樣地描述這情形？

3. B 跟 C 各想出一個重新架構的句型。

4. B 跟 C 依序，心口如一地講給 A 聽，並注意觀察 A 之非口語的生理語言之改變。

例：「學歷低就沒出息」

重新架構 1 「為了學歷，搞得……」

重新架構 2 「學歷高低，在現代，……！」

重新架構練習 7：情境重新架構

每組人數：2-5 人

建議練習時間：每人 10-15 分鐘

A、B、C 3 人；A 為探索者，B、C 在其面前為反應者。

1. A 說一句自己生活上或經驗上，有侷限信念的話，其形式為「（主詞）太……」、「我太……」、或「他太……」，如：「我太認真了」、「我太忙了」、「他太固執了」

2. B 或 C 自問

——在什麼情境下，這項特別的行為或想法，會有用呢？

——「如果這 XX 對我來說是有價值的，會是什麼價值？」

——不斷地變換這行為或想法的背影情境，直到找到一個情境，使此行為/想法的價值可用。

3. B 跟 C 各想出一個可重新架構的句型。

4. B 跟 C，依序心口如一地說出，並同時觀察 A 之生理語彙的變化。

　　例：「這東西太奢侈了」

　　重新架構 1 「對！當你與它所帶來的周邊效益；
　　　　　　　　　　如……比較起來，又會覺得值得了」

　　重新架構 2 「當你瞭解它的價值 XX、XX 時，你就

　　　　　　會對它刮目相看！」

重新架構練習 8

對每一敘述找到 2 種方式做重整

1.我妹妹是我們附近忙碌的人

2.我丈夫努力工作，沒有時間與孩子們玩耍

3.有人開槍打傷了教皇

4.我女兒在家中時花太多時間在電話上

5.我只是不知道爲什麼我很容易在工作時感到沮喪

6.當我身邊有女孩時我很緊張，我恨我自己
Ans：當我身邊有女孩時，我知道我人緣好。

五程式

5.1-次感元 Submodalities

我們開始來討論 NLP 關於改變的技巧了。

NLP 基本上就是發展出一些方法，來教導人們如何使用他們自己的頭腦。

有兩種一般類型的次感元：

類比 ANALOG

可以快速或緩慢地沿著連續體進行更改，如音量控制，調光器等。

數位 DIGITAL

是互斥的，如開/關，進/出，關聯/取消關聯等。

在表象系統中視、聽、觸、味、嗅稱為感元，而內在的次調整可以使大腦記憶連結方式產生不同的變化，對於主觀意識經驗透過調整次感元結構，就能把經驗變得不同。

次感元就是視、聽、觸、味、嗅感元的再區分，這些區分

就是「造成差異的差異」。這些區分被稱為次感元。

有兩種方式可以改變內在記憶：一是改變儲存記憶的內容：例如我們以樂觀的心情去看悲觀的故事，感受就有不同；其二是改變儲存記憶的方式，我們在內心裡都有某些特殊傾向，引導腦子用某方式回應。例如，有些人覺得圖畫對他們會有較大吸引力，另外一些人覺得聲音的影響力較大。每一個人都具有某種感覺傾向，若我們能找出這種特殊感覺，便可控制自己的心智，用鼓舞取代束縛的方式，助你儲憶。

現在試著想想，一個不快樂的經驗，某些使你感覺不好的事情。讓這個畫面愈來愈暗……如果你把亮度調降到夠暗的話，也許就不會再困擾你了。可以利用這個方式，省下在諮商上的費用，亮度是視覺感元的「次感元」，只是你能改變的眾多事物之一。

讓我們來試驗另一次感元。再找另一個愉快的回憶，改變畫面的大小。首先，使它愈來愈大……然後，愈來愈小，注意你的感受有何不同……。

通常，畫面愈大，回應感受強度也愈大，畫面愈小，感受強度也變小。這也有例外，特別是在頂部。當畫面過大時，可能會變得有點荒謬或不實際。你的感應可能會在質方面有所改變，而不是在強度方面--例如，你的感受會由愉快變成好笑。

試看看改變不愉快的畫面的大小，可能也會發現，畫面變小會降低感受。如果，使它變得很大，可能就會變得荒謬可笑，這樣，你的感受就會好一些。試試看。找出對你有用的次

感元。

　　你可以從下面的次感元一覽表試試看你所有的次感元，看視覺裡那個次感元對你影響最大，會發現每一個人都不一樣。試試看在聽覺、觸覺的次感元是哪一種的感受影響最大，再看看次感元哪一種會讓你改變最大。

次感元一覽表

視覺次感元	聽覺次感元	觸覺次感元	嗅/味覺次感元
畫面的數量	音量	身體部位	甜
移動/靜止	音高	觸覺	酸
大小	音質（聲音的特質）	溫度	苦
形狀	速度	脈搏頻率	香氣
彩色/黑白	調性	呼吸頻率	香味
聚焦/不聚焦	長度	壓力	味度（味道強度）
明亮/灰暗	韻律	重量	
空間位置	聲音方向	強度	
有邊界/無邊界	和聲	移動/方向	
平面/立體			
結合/抽離			
靠近/遙遠			

關鍵次感元

　　在談改變任何記憶或感覺前先要找到關鍵次感元，因為每個人的關鍵次感元不一樣，找到關鍵次感元可對記憶或感覺做最大的改變。對於生命中的任何一件事情它的影響的次感元都不一樣，在視、聽、觸、味、嗅裡都分別有影響最大的次感元，只要改變一個，就可以改變很多，甚至超過 50%以上，甚至更多。關鍵次感元就是視、聽、觸、味、嗅裡最關鍵的次感元。

　　接著介紹次感元最好用的改變技巧；對映轉化，就可用關鍵次感元來改變。

5.2 **對映轉化**（Mapping across）

　　對映轉化（Mapping across）是 NLP 中用來改變記憶或感
覺重要的技巧。在 NLP 中，「對映轉化」是一個狀態或情況
的形式特徵轉換至別的狀態或經驗的運用技巧，目的在促使改
變或產生解決辦法。對映轉化與對比分析結合，在其中兩個經
驗或情況的過程與特徵被拿來做相似性與差異性的比較。透過
NLP 諸如設心錨、語言引導的過程，狀態的某特徵接著被轉
換進其他狀態，又或透過與之結合的生理解讀線索觸發之。

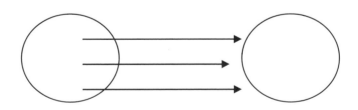

資源的情況或狀態　　　　　　問題的情況或狀態

　　「對映轉化」中，一個狀態或情況的特徵或構成要素，會

轉換至其他狀態或情況，目的在引發改變或產生解決辦法。

因此，對映轉化過程包括幾個步驟：
1. 作為對照的狀態或情況的識別。
2. 自結合立場體驗每個狀態。
3. 比較並對照經驗以引出或確認兩個狀態或情況的形式特徵之關鍵差異
（如表象系統、次感元、解讀線索等）。
4. 改變狀態或情況之一的特徵（例如膠著狀態）而合併其他（資源）狀態或情況的關鍵特徵。這可藉由語言建議、設心錨、或解讀線索的運用達成。

我們會慢慢來告訴你，如何透過次感元來把狀態改變，首先你要開始有這個觀念，比如說；在視覺假如你調整大小就可以改變狀態超過一半以上，那就是關鍵次感元。實際來說；在較差的狀況，視覺次感元可能是小一點的，但是在有資源的狀態，次感元是比較大的，這時做大小調整；把小的調整成大的，會發現狀態就都改變了。

關鍵次感元是只要調整一個，整個都改變了，我們慢慢繼續跟你介紹關鍵次感元，我們再來到對應轉化的操作。

5.2.1 次感元清單

視覺次感元		
畫面的數量		
移動/靜止		
大小		
形狀		
彩色/黑白		
聚焦/不聚焦		
明亮/灰暗		
空間位置		
有邊界/無邊界		
平面/立體		
結合/抽離		
靠近/遙遠		

聽覺次感元		
音量		
音高		
音質（聲音的特質）		
速度		
調性		

長度		
韻律		
聲音方向		
和聲		

觸覺次感元		
身體部位		
觸覺		
溫度		
脈搏頻率		
呼吸頻率		
壓力		
重量		
強度		
移動/方向		

嗅/味覺次感元		
甜		
酸		
苦		
香氣		
香味		
味度（味道強度）		

5.3-次感元腳本——一般用

在次感元引出時可參考的一些問題：

◎視覺的

彩色／黑白的　是彩色的或黑白的？

是否為全系列的色彩？

那色彩是很生動的。還是褪色的？

亮度：在那情境裡。是比正常情況亮還是暗？

對比：是高對比的（ 生動的 ）或褪了色的？

聚焦：畫面焦點很精準。還是有點模糊？

表面：那影像很平順還是有些粗糙？

細節：有前景及背景的細節嗎？

你可以很快看到細節，還是要調焦才能看到細節。

大小：那畫面有多大？（具體地問）

距離：景像離你多遠？

形狀：這畫面的形狀為何？方形、矩形或圓形？

邊框：是否有邊框？

那邊是否有顏色？

邊有多寬厚？

位置：那景象座落在那裡？請用手指出景象所在地。

動作：是動畫或靜畫？

景像中：移動速度有多快？比正常快還慢？

景像的：景像穩定嗎？

　　　　景像從那個方向移進來？

　　　　移動得有多快？

方向：畫面是否有編號或名稱順序？

結合／脫離：你是否看到自己，或你是看到你在裡面
　　　　的？

角度／觀點：你從那一角色看到自己？（假如你是脫離
　　　　的），你是由你的左、右、前、後看到自
　　　　己？

比例：畫面中的人與景物是否比例適當，或有些比真實
　　　的大或小？

幾次元：是平面的或是立體的？那畫面是否環繞著你？

單數／雙數：是一個景像或很多個？

　　　　你是一次看到一個還是同時看很多個？

◎聽覺的

位置：你是由裡面或外面聽到的？

　　　那聲音是由那裡來的？

音階：是高或低音調？

音調：比正常是稍高還是稍低？

音調：音調爲何？鼻音、很豐潤、薄弱刺耳？

旋律：是單調的或有旋律音域的？

變調：那個部分有重音的？

音量：有多大聲？

節拍：是快的還是慢的？

節奏：是有節拍的還是終止的？

持續：是連續的還是間歇的？

單音／立體：你是在一邊聽到還是兩邊？或聲音是環繞
　　　　　　的？

◎觸覺的

質地的：你會怎樣描述你身體的感覺：刺痛、溫暖、
　　　　冷、放鬆、緊　張、打結、散掉的……？

強度：那感覺有多強？

位置：你在身體的那一位置感受到它？

移動：感覺裡有沒什麼移動？那移動是連續性的？還是
　　　像浪一樣一陣陣地？

方向：那感覺由那裡開始？
　　　它如何由原來的地方移到你最後知道的地方？

速度：它是很穩定緩慢移動還是很快地移動？

持久：是持續的還是間歇的？

5.3.1-次感元腳本---對映轉化用

1. 「你能想到你喜歡的東西嗎？」，次感元＃1

    A. 一個，「好，這是什麼？」

    B. 「當你想到時，你有多喜歡，有照片嗎？」

2. 引出次感元（快速啟動。速度是精華）

3. 中斷狀態

    「你能想到一些類似但你絕對不喜歡的東西。例如，冰淇淋和酸奶。」

    「好，這是什麼？」

    「當你想到你有多不喜歡那個時，有照片嗎？」 次感元＃2

4. 引出次感元（快速啟發。速度至關重要！位置應該不同！）

5. 中斷狀態

6. 確定這程序。

7. 指示客戶將次感元＃1 更改為＃2 的次感元。

    說：「帶回你喜歡食物的圖片！現在，將它移到這裡（讓客戶按照你的指示）。」

8. 讓客戶將圖片鎖定在適當的位置：「您知道密封罐發出的聲音（使聲音保持不變）嗎？就那樣將其鎖定在那裡。」

9. （堅定權威）並確保客戶遵守您的命令。）

10.中斷狀態

11.測試:「現在,你曾經喜歡過的東西怎麼樣?它有什麼不同。」

12.未來模擬:

想像一下將來某個時候你可能會想吃那個東西。

5.3.2-次感元練習

從「嚴肅」到「幽默」對映轉化次感元

1.回想在某時候感覺似乎非常嚴肅的經驗,但當你今日想到卻發覺它是非常幽默或有趣的。

例如:嚴肅的講課

2.引出結合此記憶的次感元。現在是什麼讓此經驗顯得「有趣」?是它的大小嗎?還是色彩嗎?其特質與動作呢?音調?距離等等?何為結合記憶的感覺特質?你體內何處感受到它們?它們是溫暖的?還是刺痛的?亦或是移動的等等?

3.掙脫此狀態(藉著四處移動或甩動身體),並回想某件最近你很「嚴肅」看待的事件,並想要能用多一些幽默感來體驗它。引出此「嚴肅」情況的次感元。是什麼讓此經驗似乎如此「嚴肅」?它的大小、色彩、動作特質、音調、距離等與幽默經驗有何差異?結合「嚴肅」

經驗的感覺特質為何？你體內何處感受到它們？這些感
覺特質與結合幽默經驗的感覺特質有何不同？

例如：在某次帶幽默感的講課

4.將「嚴肅」經驗的次感元特質改變為契合過往「嚴肅」
而現下「幽默」的情況記憶之次感元特質。注意你的經
驗如何改變。哪個次感元特質似乎產生最大差異？

假如你與同伴一同作此練習，互相試試對方的幽默次感元
是很有趣的。改變你「嚴肅」情況的次感元以契合同伴的幽默
記憶。

狀態 1 如「幽默」	狀態 2 如「嚴肅」
<u>視覺</u> 明亮<ー>黯淡 ☐☐☐☐☐ 大<ー>小 ☐☐☐☐☐ 遠<ー>近 ☐☐☐☐☐ 清晰<ー>模糊 ☐☐☐☐☐ 鮮豔<ー>黑白 ☐☐☐☐☐ 結合<ー>脫離 ☐☐☐☐☐ 立體<ー>平面	<u>視覺</u> 明亮<ー>黯淡 ☐☐☐☐☐ 大<ー>小 ☐☐☐☐☐ 遠<ー>近 ☐☐☐☐☐ 清晰<ー>模糊 ☐☐☐☐☐ 鮮豔<ー>黑白 ☐☐☐☐☐ 結合<ー>脫離 ☐☐☐☐☐ 立體<ー>平面

☐☐☐☐☐	☐☐☐☐☐
聽覺	**聽覺**
響亮<->安靜	響亮<->安靜
☐☐☐☐☐	☐☐☐☐☐
高音<->低音	高音<->低音
☐☐☐☐☐	☐☐☐☐☐
左聲道<->右聲道	左聲道<->右聲道
☐☐☐☐☐	☐☐☐☐☐
快節奏<->慢節奏	快節奏<->慢節奏
☐☐☐☐☐	☐☐☐☐☐
近<->遠	近<->遠
☐☐☐☐☐	☐☐☐☐☐
語言爲主<->音調爲主	語言爲主<->音調爲主
觸覺	**觸覺**
強烈<->微弱	強烈<->微弱
☐☐☐☐☐	☐☐☐☐☐
區域廣<->區域小	區域廣<->區域小
☐☐☐☐☐	☐☐☐☐☐
沉重<->輕盈	沉重<->輕盈
☐☐☐☐☐	☐☐☐☐☐
光滑<->粗糙	光滑<->粗糙
☐☐☐☐☐	☐☐☐☐☐
持續<->間歇	持續<->間歇
☐☐☐☐☐	☐☐☐☐☐
熱<->冷	熱<->冷
☐☐☐☐☐	☐☐☐☐☐

對映轉化次感元應用表（按狀態程度在適當處打勾）

進一步練習看看

建立吸引人的未來情境次感元

1.想調整事件（欠缺資源的反應或心態）的次感元：A，

2.想達到事件（有資源或辦法的經驗，資源影像）的次感元：B，

3.以次感元 B 為基準，將次感元 A 調整至次感元 B。

次感元 A 到次感元 B，

例如： 沒動力到有動力

例如：＿＿＿＿＿＿＿＿＿＿＿＿＿＿＿＿＿＿＿＿。

相信（例：權威說的都是對！）到

懷疑（例：我一定會成功？ ）到相信

事件要視情境而訂，例如：次感元 A 是專心念書，但次感元 B 是夜店跳舞，就不適合

步驟：

1.欠缺資源的反應或心態次感元 A

2.有資源或辦法經驗的次感元 B（如果沒有用想像，但力度會較弱 ）

3.比較次感元 A 與 B 的差異

4.將 1.的次感元轉換為 2.的次感元，可運用手輔助去調整影像會更有幫助

5.測試，這階段的測試，可詢問「對次感元 A 的事件想法」，如果成功對方會有相對應的計畫。

5.4-啾模式（Swish）

成功「啾」模式的關鍵--- One Way Ticket 單程車票

理察・班德勒曾說；「啾」的次感元模式幾乎可以使用在任何事情上。它是一個非常棒的模式，可以使你的頭腦往新的方向前進，尤其是許多人的「習慣控制」。

「啾」Swish 模式是 NLP 用來幫助人們處理結合特定心理影像的問題反應。諸如對香菸、甜食與實務等無法克制的欲望之衝動或著迷（諸如強迫症）的反應，常與受引導的衝動與著迷項目的特定影像結合。無論個人如何努力嘗試將這些影像類型拋諸腦後，然而它們似乎不斷地又返回身旁。

「啾」是牽涉到 2 個影像的替換，而最重要的是，它是單向的，這點請務必記住。

＊Swish Pattern 的目的是為走向引人入勝的未來創造動力。

＊Swish 模式為新的生活方式提供了安裝選擇，而不是改變或消除舊習慣。

※使用此技術時使用次感元

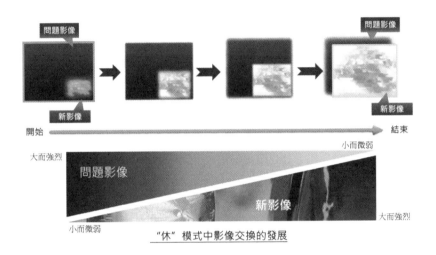

"休"模式中影像交換的發展

注意事項

1.與舊模式結合。

2.在所需狀態下具有詳細的感官特定表示。

3.如果客戶與最終圖片相關聯=結果

4.如果客戶在最終圖片中沒有關聯= DIRECTION（通常最好使用它來創建引人入勝的未來。）

5.確保每個擺動模式之間都有一個中斷狀態。在過程的每個步驟中都要閉上眼睛，並在步驟之間睜開雙眼。

5.4.1-Swish 練習

每組人數：2-3-分別為 A、B、C/指導者、探索者、觀察者

建議練習時間：每人 10-20 分鐘

1.B 請 A 找出某一項其不想要的行為或自我形象。

2.B 協助 A 找到一幅，大又亮的結合的影像，該影像是 A 在做出其不要的行為之前看到什麼。

譬如說咬指甲之前，當手伸起時，可以看到手看起來的樣子。好；先把它放到一邊。我們需要另一個畫面。

3.動一動，以去掉剛才的影像。

B 協助 A 建構另一幅畫面，這是脫離的影像，在此影像，A 可看到其所欲的行為或形象。

要確認此畫面是：

a.代表該行為或形象的品質，而不必是真的具體的行為或形象。

b.脫離的。

c.是 A 真的想要的。

d.不附著在任何情境內（背景儘可能模糊）。

去想像另一個畫面，這個畫面是當你不再有這樣的壞習慣時，會變成的樣子，重點是脫離的影像。

4.整體平衡再確認：

B 問 A："當你看到你所欲的這畫面時，你對成為這樣一個人有沒任何猶疑或疑慮？然後度測 A 的口語與非口語的反應。可針對 A 的任何疑慮，修改此畫面，直到 A 確實產生嚮往的熱忱來為止。

5.現在，設定好 SWISH，請 A 將所欲的畫面縮得小小的，暗暗的放置於第一張，大大的亮的畫面之中心。

6.其次，SWISH 兩張畫面，請 A 將第一張畫面快速地縮小，變暗及拉遠，而同步地，所欲的畫面，放大，變亮及拉近。B 可在旁發咻聲，以配合協助 A 的畫面轉換。持續做 SWISH 的動作，一次要比一次快。做 4 至 5 次，但每次之間，要動一動身，清一清腦，以中斷之。當 A 越來越難找出第一張畫面時，是表示已經成功了的好跡象。

7.測試，B 問 A，看能不能輕易地找出第一張畫面。

8.角色互換。

SWISH 練習：基礎距離 SWISH 模式

每組人數：2-3-分別為 A、B、C／指導者、探索者、觀察者

1.將強迫行為影像放在一個橡皮筋上並把它射往地平線的那一端，當它變得非常小時，想像它現在是一個在橡皮

筋因距離拉遠而變小的影像，接著對著他們的臉放開橡
皮筋去擊碎並 SWISH 所想的行為影像。

2.試著使此強迫行為在各種方面影響你，但以更正向的方
式，使它不再對你造成困擾。

3.輪流。

5.5-信念改變（Belief Change）

信念 Beliefs

簡單講；信念就是你相信的就叫「信念」，理察・班德勒非常重視信念的改變。信念在 NLP 中被看作變化和學習的一個最基本的層次，它是我們「深層結構」的一個關鍵組成部分。

信念在本質上是對自己、他人以及周圍世界的判斷和評價。在 NLP 中，信念被看作同自我增強緊密相關。這些自我增強關於（1）原因、（2）意義、（3）界限、（4）周圍世界、（5）我們的行為、（6）我們的能力、（7）我們的自我認同。比如說，諸如「大陸板塊的移動引起地震」，「上帝憤怒產生了地震」的表述反應了對周圍世界中原因的不同信念。「花粉引起過敏」，「隱藏資訊是不道德的」，「人不可能在 4 分鐘之內跑完一英里的路程」「我永遠不可能成功，因為我學習起來總是遲鈍」，「每一個行為後面都隱藏著正向意圖」等這些表述都呈現了不同形式的信念。

　　一個情境、活動或者想法與個人或群體的信念和價值系統是否適合決定了他會被怎樣接受並融入進去。通過邏輯的典型規則或理性思考，是非常難以改變信念的。而且，影響力最大的信念通常處於意識覺察之外。

　　從神經學角度看，信念同中腦的邊緣系統和下丘腦是結合起來的，而邊緣系統又同情感以及長期記憶相連接。儘管邊緣系統的結構在很多方面比大腦皮層更「原始」，它能整合從皮層得來的資訊並且調節自動神經系統（控制基本的身體功能，如心跳速度、體溫、瞳孔放大等）。因為它們是由大腦更深層次的結構產生的。信念導致身體內基本心理功能的變化，並且產生很多潛意識反應。實際上，我們知道自己確實相信了某事是因為它會觸發心裡反應；它讓我們的「心跳加快」、「血液沸騰」 、「皮膚刺痛」。這就是測慌器怎樣探測到某人是否在「撒謊」。人們相信了自己說的話時和只是「把話說出來」當成一個行為（就如演員在背臺詞），或者不誠實或者不一致時作出的生理反應是不同的。

　　信念在多層次上對我們的行為都有自我組織或者自我實現的影響，讓我們的注意力集中於一個領域並把這個領域從其他領域中過濾出來。一個深信自己患了不治之症的人開始圍繞這個信念組織自己的生命和行為，並且作出一些細微但通常無意識的、反應出這個信念的決定。一個深信自己的疾病可以治癒的人就會作出全然不同的決定。因為信念產生的期望作用於更深層次的神經，而且還可能產生劇烈的生理作用。這有一個實

例：收養了孩子的婦女認爲「母親」應該給孩子提供乳汁，於是她會眞正開始分泌乳汁並產生足夠的乳汁來餵養這個收養的孩子。

5.5.1 信念的基本結構（The basic structure of beliefs）

我們的信念以及信念系統的主要目的，是把核心價值觀同經驗的其他部分以及世界地圖連接起來。「成功需要辛苦工作」，這個信念表述把「成功」價值觀同活動的特定種類（「辛苦工作」）連接起來了。「成功主要是運氣問題」這個表述把同樣的價值觀與不同的原因（「運氣」）連接了起來，闡述這些陳述時，信念基本上是對我們經驗不同元素之間的關係進行陳述。

從語言學角度講，信念以「複合式相等」和「因果」的言語模式進行表達。複合式相等（Complex Equivalences）是語言學的一個陳述，它意味著經驗不同方面之間的「對等」（「A＝B」或者「A 意味著 B」）。這種類型的語言模式通常用來給價值觀下定義，並且爲符合或違背價值觀建立證據。如「每分鐘 60 次的靜止心跳是健康的」、「有很多錢就是成功」，或者「愛意味著從不說抱歉」等都是例證，反應了信念的複合式相等。

因果（Cause-Effect）陳述（以一些詞語爲特徵，如「造成」、「使」、「促使」、「導致」等）把價值與我們經驗的

其他方面原因連接起來。這些語言結構用來定義特定價值觀的原因和後果。一個經典的格言：「早睡早起使人健康、富有、充滿智慧」，這是一個關於因果要素的斷言，它讓人獲得特定價值觀。「權力導致腐敗」和「愛能夠治癒病痛」的諺語也涉及到同體驗相關的價值觀的後果。

通常信念是以複合式相等或因果關係的方式表達出來

複合式相等和因果的自我增強是我們建立世界地圖的基本結構。

信念是由個人過去吸引人的經驗所產生的。你過去生命中的經驗是如何呢？有些可以產生信念，有些則否？其實這與你的後設程式及你對你自己設定的準則有關，因有些經驗很容易進入，有些則否。

價值觀（Values）

價值觀是「在本質上具有價值或讓人滿足的原理、特性或實體」。價值觀與價值、意義及渴望相結合，所以它是人們生活中動機的主要來源。當價值觀得到滿足或契合時，人們感到滿足、和諧或和睦。沒有達到或反契合價值觀時，人們則感到失望、不一致或者受了冒犯。

要探索自己的價值觀，需要思考一下如何回答下列問題：「總括來說，什麼激勵著你？」「什麼對自己來說最重要」？「什麼讓你採取行動或讓你早上起床？」

價值觀來自於從小由父母、家庭所安裝，例如，一個小孩順從父母的價值觀，他會被認定是好孩子，獲得獎賞，但若違逆父母的價值觀，他會被認定是壞小孩，所以價值觀的形成某種形式上而言，它是由賞罰技巧來設立的。

假如每一件事是等值的，則可能是還沒分出其價值。黃金因為稀少而成為有價值的，某事總會比另一件事在持續的，範圍內的及價值的結構上，或多或少地更有價值。在 NLP 裡，評價是創造的過程。

因此，價值觀到處存在於我們的信念模式裡。你可能會對某項經驗或複合式相等，覺得比另一項更有價值，並且會對某項準則或信念偏愛愛高於另一項。人類需要有價值的層級觀念，否則無法做任何決定。

下面是可能的回答：

成功

讚揚

認可

責任

高興

愛和接受

成就

創造性

　　價值觀能在很大程度上影響並引導我們建立的目標和進行
的選擇。實際上，我們爲自己設的目標是價值觀的眞實表達。
比如，一個人的目標是「建立出色團隊」，他的價值觀很有可
能是「跟他人一起工作」。一個人的目標是「增加利潤」，他
的價值觀可能就是「經濟上的成功」。同樣，一個人的價值觀
是「穩定」，他所設定的目標就涉及到達到個人或職業生活的
穩定。他所尋求的目標和價值觀和「彈性」的人的目標不同。
重視「穩定」的人可能滿足於朝九晚五的工作、有穩定收入和
固定的工作任務。因此，另一方面來說；價值觀是「彈性」的
人，他找的工作可能包括一系列範圍的任務和多樣化的時間
表。

　　一個人的價值觀會塑造個人如何「強調」對特定情景的感
知以及如何爲之賦予意義。比如，一個重視「安全感」的人會
不斷評價一個情景或活動是否存在著潛在「危險」，而一個重

視「娛樂」的人會評估同樣的情景或行為，尋找有趣或玩耍的機會。

價值觀和準則（Criteria）

在 NLP 中，價值觀和所謂的「準則」等同，但是兩者並不完全同義。

準則可以應用於很多不同層次的經驗。我們有環境準則、行為準則和智力準則，以及以情感為基礎的準則。另一方面，價值觀和信念處於同一個層次。**從這個觀點看，價值觀與 NLP 中所謂的核心準則重疊。**

兩個人在相似情景中可能有同樣的價值觀（如「成功」、「和諧」、「尊敬」），但卻有完全不同的行事方法。這是因為即使他們有同樣的價值觀，但他們有不同的證據形式來判斷這些是否符合準則。比如，某人「尊敬」價值的證據可能是他的聽眾安靜地坐著，保持眼神接觸。而另一個人「尊敬」的證據可能是聽眾積極地參與，提出引起爭論的問題。這可能是衝突和創造性多樣性的源泉。

準則相等（Criteria Equivalence）是 NLP 的一個術語，描述具體的可觀察的證據，從而定義是否符合特定準則。準則相等更多以感官而不是準則或價值觀為基礎。

當然，人們通常根據不同的價值觀進行操作。個人或群體會尋求「穩定」和「安全」，而其他人或群體則可能尋求「成

長」和「自我發展」 ，而意識到人們有不同價值觀和準則，
對解決衝突和處理多樣性來說十分重要。

信念的形成

　　信念是我們在一生中，對經驗的詮釋所隨意形成的。它們
是我們在被撫育期間，模仿重要的人，尤其是父母，所形成
的。它們可能是在某個突發的衝突、創傷或迷惑中形成、而且
我們越年輕時。發生的機會就越高。有時，信念是因重複發生
而形成，那些沒有情緒張力的經驗，就只是不斷發生，就像水
滴石穿一樣。

　　我們有些信念會使我們更自由。有選擇性及對各種可能性
更開放。有些則會使我們變成沒有能力或減少了選擇性。

信念的定義

　　信念不是策略，不是「怎麼做」 ，不是行為。

　　信念是綜合各種經驗相互關係的一般化。

　　1.信念可能是因果關係的概念

　　●你相信什麼原因會導致高血壓？

　　●你相信環境中的化學物質會導致高血壓嗎？

　　●你的哪些行為會導致高血壓？

　　●你的想法會導致高血壓？

　　●你相信什麼會導致高血壓？

信念也可能是侷限的概論。

相信自己能夠用信念和某種程度的意志影響健康。但是超過這個程度就辦不到。

極限在哪裡？我能到達多遠？

我的公司能夠成長到某個程度。但是無法再超越。

信念的種類

信念的三種典型的結果。信念產生的問題如下

●絕望

如果一個人覺得絕望，他會認為或相信某個結果是沒有任何可能性。也就是不抱任何希望。這是對於一個結果的信念，既然根本不可能。何苦浪費力氣呢？

例如：沒有人能治癒愛滋病。所以何苦浪費力氣呢？反正不可能痊癒。

●無助

「有的人能夠克服癌症。但是他們是比較特殊的一群。」、「我不夠好，我沒有能力。雖然有可能，但是我沒能力。」、「有的人生意做得很成功。但是我沒有那些條件。」

●不值得

「也許有可能，也許我有條件，可是我的運氣會這麼好嗎？我夠資格嗎？也許我不配活得很健康，這是我應得的報

應。」一個人認爲自己不配擁有時。就不會試著爭取。他們只會花力氣去爭取自己認爲夠資格去爭取的事物。

建立信念

現在我們要踏出建立信念的第一步。提到無望、無助和不值得。這些信念是怎麼來的？這些信念會造成什麼影響？如果不準備奮力迎擊。我們用什麼行爲代替？

你只能夠引導一個人改變他本身的信念。但是並不是由你來改變別人的信念。目標是呼應及引導這個人建立屬於他自己的全新信念。

先要找出什麼是「隱藏的信念」

辨認一個信念最困難的部分是：影響你最深的信念，往往是那些不曾察覺到的。著手進行的第一件事就是引導。分辨信念最常遇到四個障礙，討論這四個障礙，並且提供一些解決方法。

1.障眼法（菸幕）Smoke Screen

特別是深層或痛苦的信念。人往往會利用障眼法。

你以爲一切進行的非常順利。你做了整個過程應該做的事，你已經深入問題核心，突然當事人腦中一片空白或者每件事情開始變得很艱澀和迷惑。你愈來愈接近他的信念。但是他

的防衛心態啓動，頓時你也容易跟著迷失和迷惑。

遇上這種狀況。你必須了解到這並不是壞事。反倒表示愈走愈近。通常的反應是暫時放下他正在做的事。把焦點全部集中在菸幕上，從其中找出原因：

▲可能是一種沒來由的感覺。像「我沒有辦法再繼續了」，就是障眼法的一種。

▲障眼法也可能是突然轉變話題或開始偏離主題。

▲除了腦中一片空白和支吾其詞外，有時候一個人的內在沒有任何回應，這也可能是障眼法之一。你必須了解這正是你走向信念之門的契機。

注意菸幕後面的東西，通當你會發現更重要的藏在後面。要清除「煙幕」，我們便要運用之前提到的轉換模式（meta model）的技巧，深入了解背後潛藏的想法。當然過程還是要保持契合的互動加建議，讀者可以參加執行師的訓練班，可以更深入探討及掌握運用。現在我們來看看第二個問題。

2. 聲東擊西

聲東擊西提供錯誤的線索。

在商場上我們會用「暗渡陳倉」的戰術，表面泰然自若。腦中卻早已打好如意算盤。也許對方早已恨你入骨。卻仍然坐在那恭維你，試著從你身上得到好處。就這個問題。分辨是否表裡如一十分重要。

平心而論，利用聲東擊西法並非眞正欺騙。當事人說不定

都搞不清楚。聲東擊西法是近來身心協調領域中最大的問題之一。

聲東擊西通常是因爲言行不一致。解決方法是留意所有線索。當事人語氣。生理語彙。以及所有蛛絲馬跡。

3. 夢中魚

心理治療裡也常陷入其中。夢中魚名稱的由來因一部廣播喜劇。劇中演員扮演一位發明「夢中魚」理論的心理分析師。他認爲每個人的問題可以從夢中的魚來探索。所以病人上門的時候。他一定會問：「昨天晚上有沒有做夢。」

「嗯，我不太記得耶。」

「仔細想一想，你一定有做夢。」

NLP 可能碰上同樣的情形。你確定自己並沒有在下意識中製造影像嗎？有的人有辦法勾勒與病人無關的情景，尤其是和病人一搭一唱以確認所有理論。

你不能相信當事人說的話或你自己的想法。正確的做法是在最細微的線索出現的時候，建立行爲表現方式。

4.關鍵多數

必須了解不必受限於一個信念。你面對的是整個信念系統。

以下是大家應該牢記在心的重點：

一個信念並不是「一個」影像或「一串」言語或「一種」感覺。

我們先試著找出限制性信念，在次感元單元再來練習初步改變信念

5.5.2-信念練習

利用轉換模式探索限制性信念練習

每組人數：每組三個人，分別為 A、B、C/指導者、探索者、觀察者

練習時間：每人 20 分鐘

1.探索者填滿「我無法了解」此句的空白。

2.引導者使用轉換模式模式去探索原始陳述、、特別注意每個問題是如何改變探索者的內在表象和時間的方向是如何控制。

3.探索者提供了資料之後，引導者則問，「這如何改變了你的經驗？」

4.引導者記下探索者經驗的在每個轉換模式挑戰／探索所發生的次感元變化。

5.C 記下 B 的所有回應（一字一句都不遺漏），待會才能拿來分析找出 B 模式中的假設前提。

6.輪流交換。

利用轉換模式來擴張信念系統練習

每組人數：兩人一組，A 跟 B 。

建議時間：每人 15 分鐘

1.A 找出一個對他來說，是真的；簡單的限制性信念複合相等的陳述。

2.B 探索 A 的陳述經由提出轉換模式問題來找出其中的刪除、一般化、扭曲的陳述。

3.B 接著使用轉換模式問題與米爾頓模式去重新組織 A 的信念使 A 的模式擴張成一個更有用的模式。

六時間線

6.1-**時間線**（Timeline）

在這本書裡，我們基本上討論早期 NLP 的創始人 Richard Bandler 所發展出來的實體式時間線，而在 1978 年以後發展的時間線將在我們後續的第三、四本書專書中介紹。

「時間線」在心理與身體的運用已成為 NLP 治療、商業以及個人教練領域中最常使用的工具之一。以時間感知諸如改變個人歷史、再烙印、轉移衍生搜尋、未來模擬、策略設計是所有自當下狀態至渴望狀態實際的核心技巧之一。

NLP 對於人們主觀表現時間以及時間如何影響人們感知，並對事件下定義的方式，做了不同方面的重大探索。人們表現過去與未來的方式，以及如何有「時間性」地安排事件，常會影響其思考、情緒與計畫。

譬如，拿一段時間來說，並注意你是如何主觀地感知「時間」。想想某件發生於（a）昨天（b）上禮拜（c）一年前的事情。是如何得知此事件發生於一天前，而另一事件發生於一年前呢？是如何在兩個不同事件間表現其「距離」的呢？

現在，看著時鐘並記下目前的時間。之後看向別處，過了

2 或 1.5 秒時再往回看。你如何區分許多時間的消逝呢？當你思及在前個問題中事件之間的關係時，是否以不同的方式體驗它呢？

試著想想「當下」。你如何得知它就是「當下」呢？當下有多大？當自己思及「當下」時，它是大或小？當思及時間時，哪個方向是「過去」而哪個方向是「未來」呢？譬如，過去是在你身後、在你左側或某個地方？

找個同伴或同事，並詢問他同樣的問題。留意他的回答與你的回答之相同或相異程度有多少。你或許會訝異自己有多麼不同。

簡單的說，任何人生命中的記憶，在大腦中都有特定的儲存位置，時間線就是把它們用 3D 立體的方式展示出來罷了！

及時型 In time 與全時型 Through time

「及時型」與「全時型」時間線的概念於 1979 年伴隨所謂「轉換程式」的出現首度發展出來。「及時型」地感知事件牽涉到採取結合呈現事件的位置；並透過自己的眼、耳、身體來觀看、傾聽與感覺發生的事物。從這個感知位置看來，「當下」是個人現行的身體位置，伴隨著「未來」呈現為在個人面前擴展的線段，以及在身後蔓延的過去的線段。如此一來，當事者乃是走向未來而將過去留置身後，故此，個人也可改變方向，而走回過去。

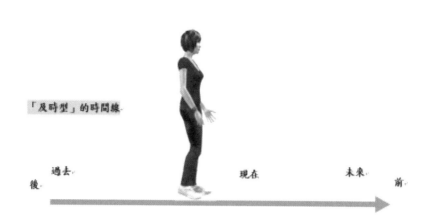

「及時型」的時間線

後 過去　　　　　　　現在　　　　　　　未來 前

當個人以「全時型」感知事件時，採取處於事件順序之外的位置，並與被觀察事物的位置脫離。從此觀點看來，「時間線」典型地被視為往左右延伸的「過去」與「未來」的線段，而「當下」則在線段中間某處。

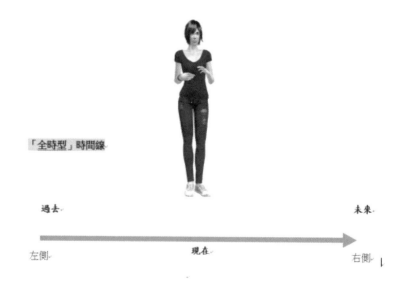

「全時型」時間線

過去　　　　　　　　　　　　未來

左側　　　　　　　現在　　　　　　　右側

　　這兩個觀點可對相同事件創造不同的感知。「全時型」的觀點對於數量分析是很有效的，因其爲分離狀態，因此較爲被動；「及時型」的觀點則較爲主動，卻容易使之無法「綜觀全景」。

　　許多 NLP 法則結合感知時間的兩個方式，利用心理或身體的時間線。譬如在改變個人歷史中，情緒症狀首先以「及時型」地追溯回其起源環境；接著，此經驗再經由「全時型」觀察，以獲得事件較寬廣的觀點。最後，資源被「及時」地帶回起源事件，而產生事件的全新觀點並改變其情緒影響。

　　那麼「及時型」&「全時型」有什麼特點呢？

　　通常「及時型」比較會及時行樂，對時間比較沒概念，像阿拉伯人就比較多。「全時型」形的比較守時，看事情比較全面，通常西方人比較多。你是屬於那種類型呢？其實沒有百分百的「及時型」、「全時型」，也許你是某些事是「及時型」，某些事是「全時型」。或者 40%「及時型」、60%「全時型」。

　　那麼就來體驗看看你是「及時型」、「全時型」，那種時間線形式你比較喜歡吧！

6.1.1-**時間線引出及測度** Timeline Elicitation & Calibration

每組人數：2 人

建議練習時間：每人 30 分鐘

1. 組員 A 在組員 B 身上引出輕微的恍惚狀態。
2. 組員 B 確認此刻狀態之位置經由指出影像之所在位置。
3. 接著請組員 B 指出影像之來源（它從哪裡來的）一個星期前、一個月前、一年前、兩年前、五年前、十年前、現在
4. 組員 A 帶領組員 B 回到現在並告訴組員 B 去想一個未發生但在一個星期後、一個月後、一年後、兩年後、五年前、十年後會發生的事情。
5. 當組員 B 在這麼做的時候,組員 A 爲他畫下時間線。
6. 輪流做。

操作時最好是有伙伴（如果可以的話，最好是 NLP 的執行師）在旁邊進行。這裡只介紹順序和要點。

示範：

1. 先和對象（以下簡稱 A）確認一項他日常生活中的習慣行爲。一項中性的、每天均會進行的『能自主操作的一項生活習慣』。例如：刷牙、洗臉、操作電腦…。

2. 協助或引導 A 進入放鬆的心理狀態。（位置姿勢調整、語言引導、呼吸等等）

3. 問：『分別請你回想一個星期前、一個月前、一年前、兩年前、五年前、十年前某天你在做ＸＸ（前述行為習慣）的情形，在什麼地方？。』

   （可以語言引導的方式，協助 A 具有影像的回憶。如：那會在什麼地方？光線怎樣？周遭有什麼…？你會看到哪些擺設在這裡…？）

   （可以觀察或請 A 以口頭回答，以確認已有內在視覺影像產生。有時 A 會以肢體表示，如用手比畫等。

4. 問：『請你回想今天你在做ＸＸ的情景，在什麼地方？』

5. 問：『分別請你回想一個星期後、一個月後、一年後、兩年後、五年前、十年後某天你在做ＸＸ（前述行為習慣）的情形，在什麼地方？。』

6. 『請同時看到這時間點的情景。』

   （可以靜待一小段時間。也可引導…『在你腦海中，這幾個時間點所發生的情景會怎樣的出現呢？會有怎樣的排列或形狀？有哪一個比較大、哪一個比較亮嗎？………』在問時，也可以請 A 用手比畫出來。）

7. 請 A 以口述和肢體比畫出幾個時間整體排列的圖象。

說明：

1. 在操作時，有些人閉上眼睛會比較容易放鬆與專注於內在的E。但不必然都要閉眼想像。可以視情況而訂。

2. 五年前、上禮拜……，五年後的五個時間，表徵『遠的過去／未來』『近的過去／未來』和『現在』。若個案的年齡偏小（如國中國小學童），則可縮短『遠的時間間隔』如用三年前、三年後。

6.2-改變個人歷史

「改變個人歷史」時間線是 NLP 技巧的里程碑，讓在做個人諮商或教練技巧時可以更有效的而且更節省時間來幫助個案做處理。

我們大部分的現在行為與反應是源自過去。甚至在現在所表現的症狀或問題本身，其起因很可能也來自過去。改變個人歷史是讓人們發現並解決仍存於現在的問題導因之 NLP 技巧。

幾乎每個心理療法或治療的形式皆承認，找出症狀的歷史起因，並以某種方式加以處理它們的重要性。許多表象上不合理的反應與阻力在其與過去的關係大過與現在的關係時，不合理也變得較有意義許多。佛洛伊德相信阻力與困住狀態發生於過去，藉著「回溯」到早前的生活經驗，並無意識地再次體驗它們或某部分，會更有效的處理。

改變個人歷史應用的技術有「轉移衍生搜尋」與「心錨」。

「轉移衍生搜尋」是利用心理或生理的「時間線」或「心

錨」來做到的。時間線的利用牽涉到讓此人沿著其過往方向的時間線進行心理或生理的移動。「時間線」可在地上以實際展示出來。個人可由站在代表現在且面對未來的位置為開始。接著依指示後退而「回到過去」，將其注意力集中於問題感覺或反應上，並留意出現的任何回憶或結合。

「心錨」利用結合過程來對問題感覺或反應創造觸發「心錨」，藉由持續按住「心錨」，才能幫助當事者在搜尋過程中更加注意結合狀態的感覺與想法。用來幫助指引當事者更快速地找出其問題狀態的「來源環境」。因為當事者記憶包含創傷或恐懼的內容時，當他將特定記憶帶入意識時遭遇阻力，這些方法將會特別有用。

例如，一個專業潛水夫，但潛意識中卻認為假如自己在泥濘或「汙濁不清」的水中潛水時會出現不合理的緊張與恐懼。被要求將其意識集中在感覺上，並讓自己沿著時間線回溯過去。這時便對其恐懼狀態建立了一個心錨，以協助他保持專注的狀態。在搜尋一會兒後，此人意外獲得其孩提時候的回憶。他和朋友正在童年家中附近的湖邊游泳。當時正值暴風雨過後而湖水相當污濁。他們看到一些人正在附近的船中打撈湖底，以尋找一具在暴風雨時溺斃於湖中的屍體。在當時還是個小男孩的潛水夫，踏到某個古怪的事物並潛至汙濁的湖面下尋找此物為何，結果發現自己找到那具屍體。這對當時身為小男孩的他是個令人震驚且恐怖的經驗，但他將此經驗遺忘（或者是潛意識將此「壓抑」下來）。藉由回想並陳述此事件與自身的感

覺，他能夠結束因其震驚狀態而停頓的情緒循環，並可以言詞紓解或「發洩」此影響，並以「全時型」來看待「過往的一部分」。這可自他的症狀中造成立即的紓解。

就像佛洛伊德堅持的，徹底處理阻力或症狀與幫助此人自過去經驗中帶回全新事物有關：

> 「為了要終結症狀，回到過去症狀發源的時間點是有必要的，自其開始之處來回顧衝突，並利用在當時無法將之導向全新解決辦法之推進力的幫助。」

評估當事者某些成熟的能力與理解力則相當重要。藉由意識到回溯過去以及此人所回溯的事件，可轉換觀點並將其經驗相互帶入「時間關係」。這意識的察覺讓人評估理解力、資源以及其他「當時無法利用的能力」，進而達成「全新的解決辦法」。此情況的先前地圖可透過更新來增加新的選擇與替代選項。

因為替代選擇與資源是結合在問題狀態後組成的「深層結構」，它們會自動地經過評估，且不需未來個人的努力就能利用之。

歷史記錄：改變個人歷史是由約翰・葛瑞德和理察・班德勒規劃作為催眠上的年齡回溯技巧的干預；也是完形療法「完成未完工作」的概念；也是佛洛伊德自由聯想的概念，並且同為電腦程式的「變動記錄」的概念。

6.2.1-NLP 改變個人歷史過程的步驟及示範腳本

每組人數：3 人一組，分別為 A、B、C/指導者、探索者、觀察者

建議練習時間：每人 50 分鐘

在地上想像一條代表過去、現在、未來的線，A 確認出來代表過去與未來的兩端，同時也確認現在的位置。

1.確認想要改變的重複性模式。

「你想要改變的感覺或反應是什麼？現在體驗之並注意你在身體的哪個部位感覺到它，以及如何感覺它？」

1.1.當你正體驗問題狀態的同時，藉由碰觸手臂、手腕或膝蓋來創造一個「心錨」。

2.保持此心錨並返回時間線上的過去部份（如圖 A），找出讓你有同樣感覺的其他類似時候（轉移衍生搜尋）。請以「及時型」的方式搜尋，這樣你可見到過去所見之事物，聽到過去所聞之事物並且感覺當時的感受。

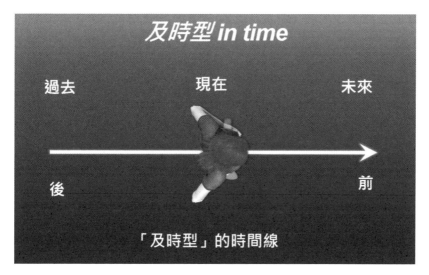

站在現在位置並面向未來

2.1.當你留意到結合問題狀態之感覺或生理狀態的擴
　　大時，注意現在發生的事情，並注意在結合那經
　　驗之間你覺得自己的年齡為何？
　　在線上倒著走到一個有同樣感覺的地方，每當確
　　認到一個會產生同樣感覺的經驗時，便詢問當時
　　的年紀並請繼續往後走直到感覺不存在或消失
　　了，持續如此往後退直到感覺不存在了。
2.2.一直搜尋到你發現結合問題狀態或反應之最久遠
　　或最強烈的記憶為止。

「讓你的注意力集中在感覺上，並讓它帶領你回到過往歷

史。體驗自己變得越來越年輕。找出過去你有過類似感覺的時候。沿著所有途徑回到擁有此感覺之最久遠的記憶。」

3. 當你找到最久遠的記憶時,將自己再度導回當下並用「全時型」的觀點來檢視你的時間線,好像自己是剛確認過的事件觀察者(而非參與者)。

3.1. 確認你利用當時手邊的資源與世界地圖,而盡你所能在狀態中努力表現。

3.2. 清楚體會自己現在更加成熟,且擁有許多當問題狀態首次發生時不具備的理解力與資源。

「現在徹底跳離那個感覺與那些事件。完全地回到這裡與

當下，這樣你才能用更成熟的眼光回顧那些時候。接著你可以觀看發生過什麼事，就好像自己在觀賞它的電影一般。你可留意自己利用當時所擁有的資源而盡力地在那個狀況下表現。同時，也了解現在自己更加成熟，且擁有當時所沒有的許多理解力與資源。」

4. 確認你在那些過去情況中所必備的資源是什麼，目的在能夠找出一個更適當的解決辦法。

    4.1. 對必備資源引出結合的參考經驗。藉由觸碰不同於先前對問題狀態設下心錨的部位，對這些資源設下新的心錨。

「徹底感覺自己與當下的軀體、感知與理解結合，利用所有的途徑進入當下資源與潛能。當你回顧過去在那個情況下年少的自己時，現在擁有什麼過去沒有的資源或理解力，能夠帶回給那個年少的自己使用的呢？現在徹底在當下的身體中來體會那些資源。」

5. 藉著資源心錨的使用來「改變歷史」，體驗加入新資源每個確認後較早的過去經驗（在時間上最早出現的），如此一來每個經驗都會令人滿意。

    5.1. 假如在改變任何過去經驗上遭遇困難，或不滿意最後的結果，那麼回到步驟四，引出並設下更強

烈或適當資源的心錨。

「將這些資源徹底保留在當下軀體中，回到過去提供所需的任何慰藉或勸告的年輕自我。回到過去你帶來新資源與理解力的年輕自我位置。注意情況感知與理解是如何改變，進而帶給你關於情況與自我全新而重要的知識。之後，沿著所有途徑回到當下，改變並更新與過去事件結合的任何經驗。」

> 確認對於當時的自己有用之資源，設資源的堆積心錨觸覺性地「啾」前往現在，一併帶著資源去重新編碼與重新組織經驗來促進最佳化學習，越快越好！待在現在點直到整合完成。B 觀察感官回饋。

6.一但你已改變所有過去經驗，不要使用心錨並牢記它們，並找出個人記憶是否已經改變。如果沒有，以全新且較適合的資源來重複此過程。

「當你再次踏入當下，處於目前且較成熟的軀體中，在憶起那些過去的事件。留意你對它們的經驗是如何改變的。它們正在學習能提醒你許多資源和選擇的經驗。」

> 站到時間線前面，全部的片斷都完備了嗎？檢查

一下，若沒有則重複上述步驟。

再次站到時間線的現在點上，閉上眼睛，準備好時，勇往直前再走一次。

7.當過去經驗已改變後，將你的注意力集中在先前引發問題狀態的外部線索與情況上，或想像下次可能發生的類似情況。假如改變已做自我增強，那麼結合資源的感覺與生理狀態應會出現。假設它們沒有出現，找出所需之更進一步的資源，並重複此過程。

「思量已引發此問題狀態的情況。想像下次自己將處於這樣的狀態中。讓自己徹底置身於那些未來環境中，並留意你的感覺與反應是如何改變的。現在許多新資源與替代選擇垂手可得，因此你能以最適合自己並合乎生態平衡的方式來做出回應。」

8.互相交換。

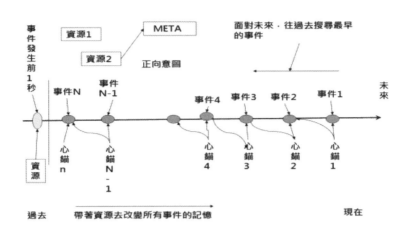

圖 A

七經典技巧介紹

在 NLP 中，理察・班德勒特別重視如何可以幫助人們快樂，提振精神的，並找回活力的最佳方法，最後要介紹幾個 NLP 裡面非常好用且知名的經典技巧，都是非常早期，在 1980 年之前就已經被開發出來，經過多年的實驗，基本上這些技巧都是非常實用且繼續在課程裡面在教的，

視覺擠壓：處理衝突次人格或極性的方法

新行為產生器：處理個人彈性情況的一流策略

快速恐懼症模式：處理恐懼症，就是對特定物體和狀況，感到極度恐懼。好比在某個場合遇見讓自己想起不愉快回憶的人，但恐懼症和這種感覺不一樣，往往會伴隨著讓自己感到害怕心痛的影像，喚醒過往的體驗和情緒。換句話說，就是設定強烈負面心錨的狀態。NLP 的創始人理察・班德勒博士發表了一種只要十分鐘，便能消除長期困擾自我的恐懼症，找回充滿活力之心的方法。

7.1-**視覺擠壓**（Visual Squash）

視覺擠壓是早期的 NLP 技巧，由理察・班德勒和約翰・葛瑞德在 1976 年開發，它是處理衝突次人格或極性的方法。在視覺擠壓過程中，代表不同「次人格」的心智影像（經常是象徵的）被想像成左手和右手。兩隻手合在一起，影像就綜合成新的畫面，這個畫面表徵之前截然不同的次人格的綜合或「整合」。

視覺擠壓程序步驟可以看作在視覺上瓦解或整合心錨的過程的方法。影像作爲特定內在狀態或心理次人格的象徵或「心錨」，把兩個影像相結合起來，就像同時「釋放」兩個心錨一樣。

從它最初的形式，視覺擠壓過程進化成更多複雜的技巧，包括次人格之間的談判，以及探索不同極性的正向意圖。視覺擠壓還激勵了信念衝突程序步驟——找出衝突信念，並重新架構和整合它們。

7.1.1-視覺整合法練習（visual squash）

步驟

1. 找出衝突點及有關的次人格，使用價值觀引出法及其它語言模式，來引出價值觀、信念及相關的次人格。

2. 邀請每一次人格出場，並分別置於手掌中，以形成（或找出）各個部份的視覺形象，描述一下各個次人格的特質。（如能以「擬人化"的方式描述最好。）

3.將行為與意圖分開。（重新架構各個次人格，向上歸類
　以便他可以體驗到，他們是擁有相同的意圖）雙方各擁
　有什麼資源，是對方變得更有效率時所需要的？

4.每一個次人格會怎麼告訴你，對方有什麼好處？並讓雙
　方瞭解，它們間的衝突，是會妨礙到某意圖的實現。

5.要它們同意，願同心協力一起化解衝突。（假如整合
　了，就繼續下去；如沒有，則暫停在這裡。）
　指出它們間，有比它們所發現的，更多的相似之處，並
　願意去整合。

6.請問它們想如何去整合，（手應會移動合在一起，如果

還沒有，幫其化解掉舊的影象，而只留下新的次人格。）（然後，請此人描述一下，這新的次人格的形象為何。

7.將整合後的形象帶進身體裡。將新的次人格帶進他的時間線，並對其個人歷史，做些必要的改變。他可以改變信念與價值觀，並去做次人格間的整合，但如你也能將其帶進時間線。去做些改變，其效力會更大。如此會整合次人格間的衝突，並重整個人歷史。假如你未與造成那價值觀衝突的次人格達成改變的協議，則，所有的改變，都會再回去的。而如你忘了改變或整理他的個人歷史，那次人格也會反轉回去的。所以，要將那新的次人格帶回，並在時間線裡改變，因此其個人歷史，才會與這新的信念相連貫。也就是說「假如你的個人歷史，與你的次人格不相連貫時，所有的改變，都會再退化的。」

假如你想讓你過去的個人歷史，與即將被產生的新的次

人格所衍生的行為連貫，就要讓那次人格在時間線上，能自己產生改變。如此可產生一個很大的改變，而不只是幾個價值觀的改變而已。讓那新的次人格進入，並清理你的時間線，並確認你已整合了那次人格。當你完成時，請所有的次人格出來，並站成一圈，互相擁抱及整合，好像它們從來就是一體似的。

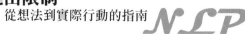
7.2-新行為產生器 New Behavior Generator

改變的最根本過程之一就是從夢境或幻想中進行到行動。新行為產生器的基本步驟為約翰・葛瑞德於 1970 年代晚期建立。

新行為產生器是個可應用在任何涉及個人彈性情況的一流策略。基本步驟牽涉到形成渴望行為的視覺影像、觸覺地結合感覺層次的影像，及以言語表述任何缺失或需求的元素。

新行為產生器策略的基本步驟

新行為產生器策略的基本步驟總括如下：

1. 詢問自己「假如我已經完成我的新目標，我看起來會像什麼呢？」（作此步驟時眼睛往下並向左瞟。）
2. 想像自己達成目標。（往上並向右瞟來幫助激發你的想像力。）
3. 有助你形象化：
   a. 記得一個相同成功的成就

b.模仿其他人

c.想像你自己首先完成目標的較小部分

（眼睛移動向上並往左或右瞟。）

4.進入想像，你感到自己正在從事所想像的事情。（當你進入此感覺時，把眼睛與頭朝下並右移。）

5.比較這些感覺與過去相同的成功感覺。（頭與眼睛保持朝下移向右側。）

6.假如感覺不同，列舉你所需的事物並將之加入你的目標。回到步驟 1 並以你的擴充目標重複過程。（將你的眼睛與頭部朝下左移。）

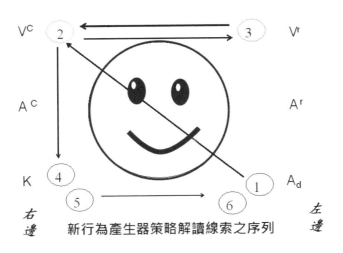

新行為產生器策略解讀線索之序列

注意：你可以加入任何目標狀態所需要的資源數量，如此

一來當你完成目標時，即可擁有精練的目標像是：「我想讓同事更肯定我與將他們的感覺放在心上與維持自己的自信感與假如有人生氣了我仍保持冷靜。」

7.3-**快速恐懼症治療**（Fast Phobia Cure）

類似 VK 分離技巧，倒退時加放好笑的卡通音效

每組人數：2-3 人一組，分別為 A、B、C/指導者、探索者、觀察者

建議練習時間：每人 10-15 分鐘

1. 讓對象找出他此生中最害怕的東西。

2. 請他走進腦海中一個"想像中的電影院"並坐在前排的正中央。

3. 請他從身體飄浮出來並在樓上找個位子舒服地坐下來，以致他可以從這個地方看見自己在看著電影銀幕上面的自己。

4. 請他以彩色影片之方式將他最害怕的東西播放到銀幕上，讓他將影片從頭播到尾並且能夠看見自己在樓下觀看自己在電影中的樣子。

5. 電影結束時，將它暫停並把最後一幕轉變成一張黑白影片，倒退放影片時，接著完全地重新結合進入那影片，以三倍或更快的速度來播放這個結合的電影，一邊放好

笑的卡通音效或馬戲團音樂，當電影又回到開頭時，請他將電影暫停在那一幕。

6.請他們走到銀幕面前並坐回到前排中央之位子，接著請他們把銀幕完全弄白。

7.若有必要則重複步驟三到六，每次結束則測試恐懼症之回應，整個過程中，使用大量的假設前提與米爾頓語言模式來加強其改變過程。

8.輪流。

書後資源

你可以從網路或用 Line 跟我們連絡。

1.達摩 NLP/催眠學院　https：//mentor-nlp.com/

2.臉書

NLP 創始人　理察　班德勒 NLP　催眠　教練技術　華人推廣中心

https：//www.facebook.com/jacktsainlp

蔡明庭 NLP　催眠學院

https：//www.facebook.com/groups/302579250113531

3.Line 群組

參考書籍

1.Bandler 課程講義、筆記

2.Big book NLP

3.NLP 百科全書

4.心靈改造

5.改變你的未來

6.瞬間親和力

7.出神入化

8.赫威思講義

9.複製卓越_烙印技巧

10.改變未來續集

11.解答

12.永續成長 NLP 入門

13.青蛙變王子

14.改觀

15.全面提升

16.目標設定

17.大腦操作手冊

18.重新啓動

19.催眠天書 I

20.催眠天書 II

21.神奇實用的 NLP

22.NLP 無限成就計劃

23.用心銷售

24.行動的奧祕

25.神奇的人際關係

26.改變現狀的行家手冊

27.給自己時間改變

28.相信.你能夠

29.核心轉化

30.TIME LINE

31.adv Time Line

32.The Meta-Coaching System

33.NLP AT WORK

後話

假如你沒有學過 NLP，那我們要給你的建議，一定要做一件事情就是：練習，這本書裡面大概有附了 60 個練習，基本上都是在 NLP 面非常經典的練習，雖然我手上大概有 500 個 NLP 練習，從 2012 年寫第一版之後，那時大概有兩百多個練習，然後慢慢依次刪減，到現在就是保留這幾個最經典的 NLP 練習。

這本書最主要是依照 NLP 創始人理察・班德勒在上課的時候所排的課程擬定表，只是希望給你的是原汁原味 NLP 創始人的觀點。

假如你是曾經學過 NLP 的人，那你肯定會知道在這，我們把 NLP 的策略這部分拿掉了，因為後來想想，一本書不要寫這麼多，而且也希望每本書都是不重複的，雖然我已經寫了一百多頁了，但是後來發覺不夠，因為還是太籠統，所以可以的話，將來再來寫一個比較完整的策略。假如有來參加我們發表會的朋友，那麼我非常樂意來跟你探討策略的部分；購買策略跟讀書策略。

　　還會學過 NLP 的朋友，可能會發覺我們這本書也沒有六步驟重整，課程中沒有六步驟重整，是因為在 2018 年的時候，NLP 創始人理察‧班德勒說因為上課的時候，很多同學都做不出來，其實包括我自己在教的時候也發現；其實大概有一半同學都是應付老師的，自己實際上沒有進去，所以理察‧班德勒把六步驟重整獨立出來了，你去看他的網站看的話，獨立叫做「無意識催眠」，還有一個叫做「卓越圈」，「卓越圈」不是他發明的，所以他沒有把它放在他的課程裡面，但我們覺得「卓越圈」蠻重要的，所以我們會在發表會的時候跟你分享探討。

NLP 用語中英對照表 (Terminology)

依出現次序編排，不包括重要人物名字

神經語言編程™	NLP (Neuro Linguistic Programming)
內在資源	Inner Resources
完形治療	Gestalt Therapy
人類設計工程學	Design Human Engineering (DHE)
假設前提/ 前置信念	Presupposition
目標的設定完善條件	Well Formed Outcome
狀態	State
契合	Rapport
價值觀念	Values and Belief
先呼應，後引導	Pace and Lead
內容	Content
過程	Process
同理心	Empathy
同情心	Sympathy

眼睛解讀線索	Eye Accessing Cue
模式	Pattern
生態平衡	Ecology
生態平衡測試	Ecology Check
表象系統	Representation System
視覺記憶	Visual Recall（Vr）
視覺建構	Visual Construct（Vc）
聽覺記憶	Auditory Construct（Ar）
聽覺創造	Auditory Recall（Ac）
數位聽覺/自我對話	Auditory Digital（AD）
感覺/觸覺	Kinesthetic（K）
心錨	Anchor
外在刺激	Stimulus
反應	Response
處境	Context
資源狀態心錨	Resource Anchors
堆積/重疊心錨	Stacking Anchors
滑動式心錨	Sliding Anchors
串連心錨	Chaining Anchors
空間心錨	Spatial Anchor
化解心錨	Collapse Anchor
轉換模式	Meta Model
刪除	Deletion

非限定參考指標	Unspecified Referential Index
非限定動詞	Unspecified Verbs
名詞化	Nominalizations
概括性字眼	Universal Quantifiers
操作語態	Modal Operators
語義的不完善設定	Semantic Ill-formedness
複合性相等	Complex Equivalence
因果關係	Cause-Effect
讀心術	Mind-Reading
錯失效能	Lost-Performative
歸類	Chunking
感知位置	Perceptual Positions
結合與脫離	Association & Dissociation
米爾頓模式	Milton Model
阻礙	Blocking
混淆技巧	Confusion Technique
隱喻	Metaphor
同形同態	Homomorphism
同形異狀	Isomorphism
換框	Reframing
框架	Frames
次感元	Submodalities
類比	ANALOG

數位	DIGITAL
對映轉化	Mapping across
咻模式	Swish
信念改變	Belief Change
價值觀和準則	Criteria
障眼法/ 菸幕）	Smoke Screen
時間線	Timeline
及時型	In time
全時型	Through time
時間線引出及測度	Timeline Elicitation & Calibration
視覺擠壓	Visual Squash
新行為產生器	New Behavior Generator
快速恐懼症治療	Fast Phobia Cure

國家圖書館出版品預行編目資料

跳出限制：從想法到實際行動的指南-NLP／許英華，蔡
明庭作. 一初版.-臺北市：表現工程管理顧問有限公
司，2021.11
　　面；　公分.
ISBN 978-626-95034-0-7（平裝）
1.神經語言學 2.自我實現 3.成功法
177.2　　　　　　　　　　　　　110013690

跳出限制：從想法到實際行動的指南-NLP

作　　者　許英華、蔡明庭
發 行 人　許英華
出　　版　表現工程管理顧問有限公司
　　　　　臺北市信義區虎林街141巷16號
　　　　　0902279322
設計編印　白象文化事業有限公司
　　　　　專案主編：水邊　　經紀人：徐錦淳
經銷代理　白象文化事業有限公司
　　　　　412台中市大里區科技路1號8樓之2（台中軟體園區）
　　　　　出版專線：（04）2496-5995　　傳真：（04）2496-9901
　　　　　401台中市東區和平街228巷44號（經銷部）
　　　　　購書專線：（04）2220-8589　　傳真：（04）2220-8505
印　　刷　基盛印刷工場
初版一刷　2021 年 11 月
定　　價　400 元

白象文化　印書小舖　出版・經銷・宣傳・設計
www.ElephantWhite.com.tw　PressStore　自費出版的領導者　購書 白象文化生活館

課程優惠卷

憑卷可優惠 10%課程費用 　　　　　達摩企管顧問 限 2024/12/31 前使用本券 報名時請出示本券	憑卷可優惠 10%課程費用 　　　　　達摩企管顧問 限 2024/12/31 前使用本券 報名時請出示本券
憑卷可優惠 10%課程費用 　　　　　達摩企管顧問 限 2024/12/31 前使用本券 報名時請出示本券	憑卷可優惠 10%課程費用 　　　　　達摩企管顧問 限 2024/12/31 前使用本券 報名時請出示本券
憑卷 3 人每人可優惠 20%課程費用 　　　　　達摩企管顧問 限 2024/12/31 前使用本券 報名時請出示本券	憑卷 3 人每人可優惠 20%課程費用 　　　　　達摩企管顧問 限 2024/12/31 前使用本券 報名時請出示本券
憑卷 3 人每人可優惠 20%課程費用 　　　　　達摩企管顧問 限 2024/12/31 前使用本券 報名時請出示本券	憑卷 5000 元以下單一課程每人可優惠 500 元 　　　　　達摩企管顧問 限 2024/12/31 前使用本券 報名時請出示本券
憑卷 5000 元以下單一課程每人可優惠 500 元 　　　　　達摩企管顧問 限 2024/12/31 前使用本券 報名時請出示本券	憑卷 5000 元以下單一課程每人可優惠 500 元 　　　　　達摩企管顧問 限 2024/12/31 前使用本券 報名時請出示本券